中国人消費者の行動分析

「面子」、原産国イメージとグローバル・ブランド消費

李 玲 著

文眞堂

はしがき

　ここ最近，街中を歩いていると，中国語をよく耳にするような気がする。特に大都市の街角では大きなスーツケースを引っ張りながら歩く中国人観光客の姿が目立っている。中国人による日本旅行ブームの背景には，中国人の海外旅行ブームがあるといえる。中国の急速な経済成長によって産まれた中産階層と呼ばれる資金に余裕を持つ人々が，旅行によって余暇を楽しんでいるのである。中産階層の増加によって，中国は強い消費力を持つ市場として有望視されている。そのため，中国人消費者を獲得するためのブランディング戦略は一層重要となる。本書は，中国人消費者によるグローバル・ブランド消費に焦点をあてながら，中国人消費者の購買行動の解明を試みるものである。

　ブランドは製品と違い，企業が価値を一方的に創造するのではなく，消費者もブランドに意味を付与するという企業と消費者の価値共創によって創り上げられる。これは感性的価値と呼ばれ，個人がおかれている環境や各自の経歴，ブランドとの関わりなどに依存しながら付与されるため，1人ひとりが付与する意味はオンリーワンの価値として見なすことができよう。それゆえ，この価値こそがコモディティ化を食い止め，模倣されにくい競争優位性を生み出す源泉であるといえる。

　中国人消費者は先進国のブランドに特別な関心を寄せている。中国人の思考回路に基づけば，それは身分を誇示し面子を立たせる。そこで，先進国のブランドがどのように捉えられているのか，すなわち，原産国イメージに価値が見出されているのか，それともブランドに価値が見出されているのか。また，原産国イメージとブランドは身分の誇示に有用であるのか。さらに，身分の誇示と面子との間に関連性があるのか。本書はこれらの問題意識から出発し，中国人消費者のグローバル・ブランドの消費特徴の解明を目指す。

　本書の特色の1つは，先進国のブランドの競争優位を生み出す価値次元を明確化するために，ブランドの身分表示力という概念を導入したことである。ブ

ランドの身分表示力とは社会一般がブランドに付与する主観的な意味づけであり，身分表示力の強いブランドは社会一般に認められる価値を強く持つといえる。よって，身分表示力の強いブランドは消費者の身分の誇示に非常に有用である。先進国の原産国イメージとグローバル・ブランド評価のそれぞれは，ブランドの身分表示力との関連性を検証することによって，先進国のブランドの価値の所在を特定することを意図する。

　当然のことながら，先進国のブランドの価値は先進国のブランドだけが有する価値のことである。これは，価値の所在を特定することに加えて，その価値が先進国のブランドだけが有する価値であるかどうかも明らかにする必要があるということを意味している。

　本書の2つ目の特色は，先進国（米国）のブランドのみならず，比較対象として発展途上国（中国）のブランドも取り上げたことである。体系的な国際比較研究を通して，先進国のブランドの競争優位を特定すると同時に，発展途上国のブランドが強みを持つかどうかの解明も狙う。

　さらに，本書の3つ目でありかつ重要な特色は，中国人の価値の中核をなす「面子」を取り入れたことである。中国人は「他人にどう見られているのか」を考えながら行動する。中国人の思考や行動をコントロールする「精神綱領」と位置づけられるように，面子は中国人の日常生活の隅々まで浸透しているものである。中国人消費者の消費行動に対する理解を促進するために，多面的な視点から面子を考察したうえで，とりわけ面子意識とブランドの面子知覚，ブランドの身分表示力との関連性を検証し，面子の働きの解明を目指す。

　本書の構成は以下の通りである。

　第1章では研究背景と問題意識を提示する。第2章から第5章にかけて，ブランド，原産国イメージと「面子」に関する先行研究の検討を行う。この検討をもとに，第6章では，2つの研究課題が導き出された。それは，先進国のブランドの競争優位となる価値次元の所在が不明確，消費者行動研究分野における面子意識とブランドの面子知覚の働きが不明確，といったものである。先行研究の課題に対し，第7章では，米国発と中国発のグローバル・ブランド消費における原産国イメージとブランド評価が，ブランドの身分表示力や購買意向に及ぼす影響に関する国際比較研究を実証的に行う。第8章では，グローバ

ル・ブランド消費における面子意識が，ブランドの面子知覚，ブランド評価，ブランドの身分表示力と購買意向に及ぼす影響に関する実証研究を行う。第9章では結論と理論的・実務的インプリケーション，今後の研究課題を提示する。

　本書は，学術雑誌に掲載した論文および博士学位論文の一部に修正を加えた成果から構成されている。第2章は「製品ブランドと企業ブランドの関係」『関西学院商学研究』関西学院大学大学院　商学研究科研究会，第65号，1－31頁，2012年。第3章と第4章は，博士学位論文「中国消費市場におけるグローバル・ブランドと原産国イメージの関係」関西学院大学審査，第2章，第3章，第4章，14－36頁，2013年。第5章第1節第2項以降は，「中国市場における面子と消費者行動」『広島国際研究』広島市立大学国際学部，61－71頁，2016年。第7章は，「グローバル・ブランド消費における原産国イメージの影響——中国人消費者のグローバル・ブランド消費を中心に」『多国籍企業研究』多国籍企業学会，第9号，1－18頁，2016年。第8章は，「中国消費市場におけるグローバル贅沢ブランドと面子の関係」『国際ビジネス研究』国際ビジネス研究学会，第8号第1巻，45－57頁，2016年，から構成される。

　本書は，筆者にとって初めての単著であり，あくまでも筆者の研究活動の出発点にすぎない。まだまだ駆け出しの研究者である筆者がこのような出版の機会を得ることができたのは多くの先生方からのご指導ご支援があったからに他ならない。

　まず，恩師である関西学院大学商学部教授の藤澤武史先生に感謝を申し上げたい。藤澤先生は筆者を学問の道に導いて頂いた。大学1年生の時に受講した「国際ビジネス入門」の講義で先生にはじめてお目にかかり，先生の授業に対する情熱が非常に伝わってきたことを未だに鮮明に覚えている。とりわけ研究や指導，学会活動に対する先生の積極的な姿勢に非常に感銘を受けた。学部3年のゼミナールから大学院修了までの7年間にわたって非常に丁寧なご指導を賜った。今日もなおご指導ご支援を頂いている。とりわけ先生からの丁寧な研究指導，また今回の出版社のご紹介がなければ，本書の刊行は実現し得なかったといっても過言ではない。先生に対する感謝の念は言葉では言い尽くせない。本書が，先生に長年にわたりお世話になったことへの御礼となれば幸甚である。

　博士学位論文を審査して頂いた関西学院大学商学部教授の川端基夫先生に

iv　　はしがき

は，博士後期課程 1 年の時から今日まで，多くのご指導を頂いた。先生から
は，市場のコンテキストによって，消費者の製品やブランドに対する「意味づ
け」「価値づけ」が異なることを教わった。研究の道筋となる方向性は川端先生
に導いて頂いたといっても過言ではない。改めて心より厚く御礼申し上げる次
第である。

　広島市立大学国際学部教授の大東和武司先生には，日頃より，公私にわたり
大変お世話になっている。日々ご自身の研究指導と多忙な校務に追われている
にもかかわらず，無知な筆者に対して常に丁寧にご教示いただいている。また，
吉田晴彦学部長，金谷信子副学部長をはじめとする広島市立大学国際学部
の先生方には日頃より大変お世話になっている。心より厚く御礼申し上げる。

　学会の報告において，筆者の研究に有益な議論や示唆を示して頂いた多くの
先生方に心より厚く御礼申し上げる。また，学術雑誌に掲載した論文の審査の
過程で，匿名の査読の先生方より多くの貴重なご指摘と丁寧なアドバイスを
賜った。心より厚く御礼申し上げる。

　本書の出版をご快諾頂いた文眞堂，ならびに営業部部長の前野弘太様に大変
お世話になった。前野様のご厚情ご応援がなければ，出版を実現するのは難し
かっただろう。また，同社編集部にも大変お世話になった。原稿の大幅な遅れ
と修正にもかかわらず短い期間で親切丁寧に，辛抱強く対応して頂いた。心よ
り深く感謝申し上げる。

　以上の先生方，お世話になった方々に改めて心より御礼申し上げるととも
に，今後もより一層研究に邁進したい所存である。

　最後に，いつも筆者の背中を押して下さる家族に感謝したい。特に育児を全
面的にサポートして下さる母親に感謝したい。母親の献身的な支援がなけれ
ば，研究活動に専念できず，本書の刊行にも至らなかった。そして，研究の忙
しさにかまけて，2 歳の藍希の相手ができないことに申し訳ない気持ちで一杯
である。落ち着いた気持ちで相手ができるように頑張りたい。両親の健康と藍
希の健やかな成長を祈って。

2017 年 3 月

李　　玲

v

目　　次

はしがき ………………………………………………………………………… i

第1章　問題意識と本書の構成 ……………………………………………… 1

第1節　中国の消費市場としての魅力 ……………………………………… 1

第2節　コモディティ化とブランドとしての競争優位性 ………………… 3

第3節　中国消費者のブランド消費と「面子」………………………………… 6

第4節　本書の構成 ………………………………………………………………… 8

第2章　ブランドの役割と研究の発展プロセス ……………………… 11

第1節　ブランドの定義および基本的な役割 …………………………… 11

第2節　製品ブランドを中心とするブランド概念に関する

研究の発展プロセス ……………………………………………………… 12

　　1．古典的なブランド研究 ……………………………………………… 12

　　2．ブランド・イメージ研究 ………………………………………… 14

　　3．ブランド・ロイヤルティ研究 …………………………………… 16

　　4．ブランド・エクイティ研究 ……………………………………… 18

　　5．ブランド・アイデンティティ研究…… ……………………… 20

　　6．小結 ……………………………………………………………………… 21

第3節　企業の構成概念および企業ブランド研究のレビュー ………… 22

　　1．企業の構成概念に関する研究レビュー ………………………… 22

　　2．企業ブランド研究 …………………………………………………… 28

第3章　グローバル・ブランド研究 …………………………………… 34

第1節　グローバル・マーケティングへの進化プロセス …………… 34

vi　目　次

第2節　グローバル・ブランドの定義とその優位性 ……………………… 36

第3節　国際マーケティング分野におけるブランディング研究の状況 …… 38

　　1．国際マーケティング関連ジャーナルにおける

　　　　ブランディング研究の状況 …………………………………………… 38

　　2．世界標準化 vs. 現地適合化の議論における

　　　　ブランディング研究の状況 …………………………………………… 40

第4節　国際ブランディング研究 ……………………………………………… 43

　　1．国際ブランディング研究の状況 …………………………………… 44

　　2．ブランドの意味づけに関する研究 ………………………………… 47

第4章　原産国イメージ研究 ……………………………………………… 54

第1節　原産国イメージの定義 ………………………………………………… 54

第2節　原産国イメージ／製造国イメージに関する先行研究レビュー …… 56

　　1．初期の原産国イメージ ………………………………………………… 56

　　2．製品の属性評価における原産国イメージの効果 ……………… 58

　　3．消費者エスノセントリズムの研究 ………………………………… 60

　　4．製造国の変化による影響 …………………………………………… 62

　　5．製造国／原産国イメージとブランド ……………………………… 63

　　6．原産国イメージと購買意向の関係 ………………………………… 66

　　7．小結 ……………………………………………………………………… 68

第5章　中国社会における面子の研究 ………………………………… 70

第1節　中国社会と面子 ………………………………………………………… 70

　　1．本土化研究における「人情」と「面子」 ………………………… 70

　　2．面子の文化的基盤 ……………………………………………………… 74

　　3．古典的な面子の議論 …………………………………………………… 76

　　4．学術分野における面子の定義 ……………………………………… 78

　　5．面子の構成次元 ………………………………………………………… 81

第2節　消費者行動分野における面子 ……………………………………… 84

　　1．消費者行動研究における面子の研究レビュー ………………… 85

目　次　vii

　　2．面子，面子意識と面子知覚の関係の整理 ……………………………… 86

　第3節　小結 ……………………………………………………………………… 92

第6章　中国市場におけるブランド消費の現状と研究課題 ……… 95

　第1節　中国消費市場の概観 ……………………………………………………… 95

　　1．1978年までの消費市場 …………………………………………………… 95

　　2．1978年以降の消費市場の特徴 …………………………………………… 96

　第2節　中国消費市場におけるブランディングの発展プロセスと

　　　　　ブランド市場の特徴 ………………………………………………… 98

　　1．ブランディングの発展プロセス ………………………………………… 98

　　2．ブランド市場の特徴 ……………………………………………………… 100

　第3節　研究課題の考察 ………………………………………………………… 105

　　1．グローバル・ブランド消費における

　　　　原産国イメージの効果に関する課題 ………………………………… 105

　　2．面子文化とグローバル・ブランド消費に関する課題 …………… 108

第7章　実証研究①：グローバル・ブランド消費における
　　　　原産国イメージの効果に関する国際比較研究 ………… 111

　第1節　仮説構築 ………………………………………………………………… 112

　第2節　質問票の設計とサンプルの特性 …………………………………… 114

　第3節　仮説検証 ………………………………………………………………… 118

　第4節　追加分析 ………………………………………………………………… 123

　第5節　考察 …………………………………………………………………… 124

第8章　実証研究②：グローバル・ブランド消費における
　　　　「面子」の影響メカニズム ……………………………………… 128

　第1節　仮説構築 ………………………………………………………………… 129

　第2節　質問票の設計とサンプルの特性 …………………………………… 132

　第3節　仮説検証 ………………………………………………………………… 134

　第4節　考察 ……………………………………………………………………… 139

viii　目　次

第9章　結　論 ………………………………………………………… 141

第1節　本書のまとめと理論的インプリケーション ………………… 141

第2節　実務的インプリケーション ………………………………… 143

第3節　残された研究課題 …………………………………………… 144

参考文献 ………………………………………………………………… 146

索引 ……………………………………………………………………… 158

第1章

問題意識と本書の構成

第1節　中国の消費市場としての魅力

　2015年ユーキャン新語・流行語大賞を獲得した「爆買い」というのは，中国人観光客による日本での買い物の様子を表した言葉である。図1-1は2014年と2015年の訪日外客数のシェアの比較を表すものである。この図で最も注目すべきは中国人観光客数の増加という点であろう。その増加の様子を具体的な数字で確認して見ると，2014年の中国人訪日客数は240万9158人であり，過去最高であったが，2015年はこれを更新し，499万3800人となった。

　また，人数が多いだけにとどまらず，爆買いブームに象徴されているよう

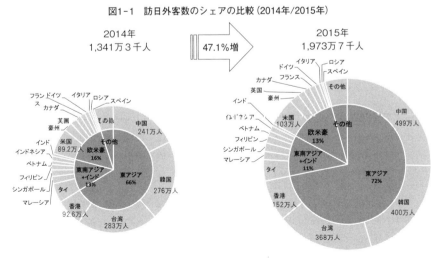

図1-1　訪日外客数のシェアの比較（2014年/2015年）

出所）日本政府観光局（JNTO），2016，p.3

に，日本に莫大な経済効果をもたらしている。国土交通省観光庁が 2016 年 1 月 19 日に発表したプレスリリースによれば，2015 年の訪日外国人旅行消費額（速報）は 3 兆 4771 億円となり，年間値で初めて 3 兆円を突破し，前年の 2 兆 278 億円に比べ 71.5 ％増となった。また，全国籍・地域の訪日外国人旅行者の 1 人あたり旅行支出は 17 万 6168 円となる。国籍・地域別に旅行消費額を見ると，中国が初めて 1 兆円（1 兆 4174 億円）を超え，総額の 4 割（40.8 ％）を占めており，1 人あたり旅行支出は 28 万 3842 円であり，全国籍・地域のなかで最も多い支出となった。

　日本市場における「爆買い」を支えているのは中国の「中産階層」[1]である。2005 年には中国の消費市場において，「中産階層の消費」は最もホットな話題となり，中産階層を主力とする消費市場の拡大は中国経済の高成長をけん引する新しいエンジンの 1 つとして位置づけられている（蔡，2006）。英経済誌「エコノミスト」によると，2016 年 7 月現在，中国の中産階層の人数は 2 億 2500 万人に達している（人民網日本語版，2016 年 11 月 16 日付 a）。

　2012 年に開催された中国共産党第 18 回全国代表大会の報告では，「2020 年までに，国内総生産（GDP）と都市部・農村部の 1 人あたりの平均所得を 2010 年に比べ 2 倍にし，ややゆとりを実感できるという小康社会を全面的に実現する」ことが目標として掲げられた。これは，今後 4 年で，改革を通して，中国全土の経済成長速度を年間平均 6.5 ％以上に保たなければならないことを意味している（人民網日本語版，2016 年 11 月 16 日付 b）。

　中国労働学会の蘇海南・副会長の話によると，2020 年までに，中間所得の労働者の総数が今より 30 ％以上増え，2 億 7000 万人となり，その扶養家族を加えると，中間所得層は約 4 億人になる（人民網日本語版，2016 年 11 月 16 日付 b）。そうなると，中間所得層の人口全体に占める割合は 2016 年現在の 18 ％から 28 ％以上に引き上げられる。さらに，「今世紀中ごろまでに，『中国の中間所得層を中産階層にし，その総数を人口全体の約 70 ％にあたる 9 億 6000 万人以上にする』ことを目標に掲げることができる」と蘇海南・副会長は指摘している（人民網日本語版，2016 年 11 月 16 日付 b）。

　中国の消費の主力となっている中産階層の成長ぶりは新聞記事を中心に確かめられる。中産階層の拡大は，社会の調和と安定，国家の長期的安定を維持す

るうえでの必然的要請であると習近平中共中央総書記は力説している。国家の重点施策として政府による関与が強まると予想されるため，その目標の実現可能性は一層高まると考えられる。このように，中産階層が拡大し続けるのに伴い，今後，中国の市場としての魅力は増す一方であろう。

第2節　コモディティ化とブランドとしての競争優位性

　2000年以降のブランドの議論において新たな動きが見られる。それは，さまざまな市場におけるコモディティ化の進展とそこからの脱却に向けた道筋の模索である（恩蔵，2007）。コモディティ化とは，企業間における技術的水準が次第に同質的になり，製品やサービスにおける本質的部分での差別化が困難となり，どのブランドを取り上げて見ても顧客側からするとほとんど違いを見出すことのできない状況である（恩蔵，2007，p.2）。技術革新，規制緩和，国際化が進む今日，コモディティ化はあらゆる産業において無視できない最重要な課題となっていると恩蔵（2007）が指摘している。

　楠木（2006）によれば，時間の経過によってイノベーション競争技術と市場が成熟し，それに伴い，価値次元の可視性が上昇していく[2]。また，コモディティ化を価値次元の可視性が高まっていくプロセスとして理解すれば，多くの製品やサービスはこのプロセスに沿ってコモディティ化が進んでいくという。コモディティ化は普遍的な傾向であり，昔も今も変わらない現象であるが，今になってコモディティ化の脅威が改めて認識されるようになった理由として，かつてと比べてコモディティ化のスピードが格段に速くなったことが指摘されている（楠木，2006）。

　楠木（2006）は，コモディティ化が急速に進展した背景には，デジタル化という技術変化とそれに伴う製品アーキテクチャ（製品の内部構造の在り方）のモジュール化があると指摘している。デジタル化は情報の移転と変換を容易にし，製品やサービスのアーキテクチャのモジュール化を可能にする[3]。モジュール化はシステムのオープン化を促進し，新規参入や，競争によって部分の効率化や技術革新が活性化されることにつながる反面，コモディティ化を加

4　第1章　問題意識と本書の構成

速する方向にも作用する。それは，モジュール化とオープン化により，企業は特定の価値次元のうえで顧客が必要とするレベルに速いスピードで到達することができ，その結果，顧客が吸収できる水準をすぐにオーバーシュート[4]してしまう現象を引き起こすことになるからである。結局のところ，価格次元でしか違いを作れないという状況，すなわちコモディティ化に陥るのである。

　延岡（2006）は，楠木（2006）と同様の見解を示す。延岡（2006）は供給側と需要側の双方からコモディティ化の進行システムを捉えている。まず，供給側の要因としてモジュール化の進展が指摘され，部品のモジュール化が進むことによって，機能面での差別化が困難となり，製品の同質化という差別化シーズの頭打ちが進む。一方，需要側においては，顧客ニーズの頭打ちが要因として挙げられている。それは，企業側が差別化を図ることができたとしても，製品の機能や性能が，顧客の要求水準を超えてしまった場合，十分な対価を支払わせることができなくなるからである。結局のところ，コモディティ化の進展が促進され，価格以外の次元での差別化を図ることができなくなり，可視性が最も高い価格競争に収斂させられる。

　このように，楠木（2006）と延岡（2006）は製品そのものに光をあてながらコモディティ化の進化プロセスを議論している。モジュール化とオープン化が浸透している今日では，間を開けず模倣追随されてしまうため，製品そのものに基づく差別化を図ることができない状況を迎えている。脱コモディティ化に向けた道筋が模索されているなか，青木（2011）は，顧客を巻き込む価値共創の重要性を力説している。その主張は製品とブランドが根本的に違うものであるという考えに基づいている。

　青木（2004）は，「製品」と「ブランド」とは，概念的にも，実体的にも別個のものであると指摘したうえで，「製品開発」と「ブランド開発」の違いを次のように説明している。製品開発とは，技術力をベースとした「モノの開発」であり，製品の機能，品質，コスト，市場シェアの獲得などが問題となる。これに対して，ブランドの開発とは，基本的には「意味の開発」であり，そこでは製品開発のアウトプットとしてのモノを，どのような生活空間と関連づけ，どのような便益と価値を期待してもらい，どれだけ強い絆を築けるか，結果的に，どれだけのマインド・シェアを獲得できるかが問題となる。

和田（1997）は，製品価値を基本価値，便宜価値，感覚価値，観念価値の4階層に分けたうえで，基本価値と便宜価値は製品力の部分であり，感覚価値と観念価値はブランド価値の部分であると指摘している（本書第3章の図3-2参照）。基本価値と便宜価値は，機能や性能といった製品そのものの物理的属性に関連する価値であり，企業の技術力が問われ製品力を体現する部分であるが，ブランド価値とは無縁のものであるとされる。真の意味でのブランド価値は，製品の品質や機能を超えた付加価値にあるものであり，感覚価値と観念価値といった主観的な価値のなかに存在すると主張される。

　表1-1は顧客価値の分類と比較を示すものである。機能的価値は，製品の価値あるいは製品の基本価値や便宜価値を表すもの，感性的価値は，ブランドの価値あるいは感覚価値と観念価値を表すものとして捉えられる。市場成果に直結しているのは，消費者の評価と購買の結果によってもたらされるものである。そのため，優れた技術に裏打ちされ，優れた機能・品質の製品であったとしても，消費者がその意味や価値を理解できない限り，決して高い市場成果を獲得することはないであろう（青木, 2004）。とりわけ製品そのもののコモディティ化が急速に進行する市場環境においては，感性的価値の次元における差別化を図らざるを得なくなっている。感性的価値は消費者が理解しているブランドの価値であるため，客観的基準での優劣判断が困難となり，機能的価値に比較して可視性が低いのである。よって，感性的価値において，企業が競合他社との差別化を目指すことで，持続的競争優位性を確立することが可能になると考えられる。

表1-1　顧客価値の分類と比較

	機能的価値	感性的価値
内容	製品の機能的属性（機能・性能・組成など）から得られる価値	製品（あるいはブランド）の五感にかかわる属性，イメージなどから得られる価値（自己表現的価値を含む）
基盤	功利主義的（utilitarian）動機	快楽的（hedonic）動機 価値表出的（value-expressive）動機
特徴	客観的基準での優劣判断が可能 価値の可視性（特定可能性，測定可能性，普遍性，安定性）が高い	客観的基準での優劣判断が困難 価値の可視性（同左）が低い

出所）青木, 2011b, p.30

6　第1章　問題意識と本書の構成

表1-2　2つのブランド観の対比

	従来のブランド観 (情報ベースのブランド観)	新たなブランド観 (意味ベースのブランド観)
ブランドの役割	選択を支援する情報伝達手段 (リスク削減と単純化の手段)	生活を支援し、人生に意味を与える 手段
指針となるメタファー	ブランドは情報	ブランドは意味
コンテクスト(文脈)の役割	コンテキストはノイズ	コンテキストがすべて
中心的構成概念	知識を構成する認知や態度	消費の経験的・象徴的側面
研究の対象領域	購買(交換価値)	消費(使用価値・文脈価値)
マーケターの役割	ブランド資産を生み出し所有する (価値の提供)	ブランドの意味の創り手の1つ (価値の共創)
消費者の役割	ブランドという情報の受動的な受け手	ブランドの意味の能動的な創り手
消費者の活動	機能的・情動的な便益の実現	意味づけ

出所) Allen et al., 2008, p.788 に基づき、青木 (2011a, p.63) 一部修正

　コモディティ化を脱却するための方略の1つとして、ブランド価値、すなわち製品の感性的価値に競争次元を移行させることが挙げられる。表1-2は従来の情報ベースのブランド観と新たな意味ベースのブランド観を対比して示すものである。ブランドは単なる情報の集約体というよりも、消費者に何らかの意味を提供する存在でもある。新たなブランド観において、ブランドの意味的な価値が注目されている。特に、消費プロセスにおいて、企業がいかに顧客と相互作用しながら価値を共創していくかということの重要性が強調されている。消費者によるブランドへの意味づけは極めて主観的なものであり、捉えにくいところが大きいため、消費者がブランドにどのような意味や価値を付与しているかを理解することは価値共創を実現させるのに必要不可欠な前提条件となる。

第3節　中国人消費者のブランド消費と「面子」

　ブランドの意味づけというのは極めて主観的なものである。品質信頼性、個人アイデンティティ、身分地位の表示など、ブランドの意味は多岐にわたっており、異なる歴史、伝統や文化的環境におかれる消費者の間で、同一ブランドに対して重要視する価値に大きな違いが見られる。これらの意味づけはプライベートなものとパブリックなものに大別できるとされる (Richins, 1994)。プ

ライベートな意味づけは消費者自身による評価を価値の中心におくのに対して，パブリックな意味づけは他者の評価を価値の中心においている。

　中国人消費者によるブランドの意味づけは，プライベートなものよりもパブリックなものの価値の方が大きい。中国人消費者は誰もが認知し評価しているブランドを選好する傾向が非常に強い。それは中国の面子文化と密接に関連しているのである。

　中国人の面子は春秋時期の儒家思想によって規定され，中国人の価値観の中核をなすものである。面子は中国社会の「精神綱領」のような働きをし，命の次に重要なものとして捉えられる（魯，1923＝2006，1934＝1991）。また，面子は中国人の人間関係の円滑化を図るための最も精緻な基準であり，運命や憲法よりも重要視されるものである（Lin, 1935）。

　さらに，中国社会の面子は同族意識や大家族観から生まれたものであり，一個人のみにとどまらず，その同族，家族にまで関わるものである（孔，1988；翟，2011）。そのため，個人は自ら所属する集団の消費を模倣せざるを得なくなり，そうしないと所属集団のなかで自分の面子を失うだけではなく，他の集団の前でも所属集団の面子をつぶすことにつながるのである。それゆえ，ブランドを選択する際，人からどのように評価されるかを基準にしている。

　中国人消費者が日本の製品を「爆買い」しているのは日本の製品の品質に魅かれた結果であると認識している人が大半と思われる。ところが，面子によって影響された結果，いかに品質が良くて個人が好んでいても，知られていない製品の場合には面子を維持しにくいため，必ずしもその製品を評価し購買するとは限らない。そのため，先進国の消費者とは異なり，中国人消費者はブランドのパブリックな意味づけを優先的に評価する。

　中国人消費者は先進国のブランドであれば，社会的地位を表示する「記号」として認識しながら積極的な消費意欲を示す。すなわち，中国人消費者はブランドの身分表示力というパブリックな意味づけを中心にブランド価値を評価している傾向が強く見られる。それは，先進国のブランドが面子を立たせるのに非常に適しているからであると考えられる。先行研究でよく用いられる「先進国のブランド」という言葉は，2つの側面から捉えられる。その1つは先進国という原産国イメージに対する評価，もう1つはブランドそのものに対する評

価である。ここで，原産国イメージとブランド評価のそれぞれがブランドの身分表示力に及ぼす影響を明らかにすれば，中国人消費者が重要視する価値の所在が解明され，結果的に中国人消費者によるブランドへの意味づけの特徴を明らかにすることができる。

また，面子が中国人消費者の行動に決定的な影響を及ぼしているものの，面子に関する研究は人類学，社会学，社会心理学からのアプローチが圧倒的に多く，とりわけ面子意識が消費者の購買行動にどのように影響するかに関する研究はほとんど存在しない。実際の購買行動では，面子を重要視する現象が見て取れるため，ブランド消費における面子意識の影響メカニズムを解明することは，中国人消費者のブランドに対する意味づけの特徴を把握するのに大いに役立つと考えられる。

中国は発展途上国のなかで比較的速いスピードで成長を遂げる新興国であり，とりわけ中産階層の規模の増加が大いに見込まれるため，消費市場としての魅力はますます高まるに違いない。中国人消費者および中国人消費者によるブランド消費の特徴を解明することは，企業が中国人消費者向けにブランド戦略を展開し，成功を図るには欠かせない条件である。それは，ブランド戦略の成功が企業の競争優位性の獲得に直結するからである。

第4節　本書の構成

本書は中国人消費者によるグローバル・ブランドの消費に焦点をあてる。とりわけ，ブランドの身分表示力との関係におけるグローバル・ブランドと原産国イメージが消費者行動に及ぼす影響と，中国人の価値観の中核をなす面子意識が消費者行動に及ぼす影響の解明を中心的な課題とする。具体的なアプローチは，先行研究のレビューを通して研究課題を導き出したうえで，実証分析によって中国人消費者の行動を解明していく。

第2章では，ブランドの基本的な役割を説明したうえで，ブランドを製品ブランドと企業ブランドに分け，時系列に沿ってブランド研究を概観する。第3章では，グローバル・ブランドの研究をレビューする。まず，グローバル・マー

ケテイングの進化プロセスを説明したうえで，グローバル・ブランドの定義の整理を行う。次に，国際マーケティング研究，世界標準化 vs. 現地適応化の議論，国際ブランディング研究におけるグローバル・ブランドの研究状況を概観する。最後に，グローバル・ブランドの意味づけを中心に研究レビューを行う。

第4章では，原産国イメージの研究をレビューする。その際，まず，原産国イメージの類型と定義を整理する。次に，時系列に沿いながら，今日までの研究を概観する。第5章では，中国社会における面子の研究をレビューする。まず，中国の社会関係ネットワークの拡張における「人情」と「面子」といった本土化研究で注目を浴びている概念の役割と関係を整理する。次に，面子が形成される文化の基盤について論じる。さらに，古典的な面子の議論，学術分野における面子の定義，面子の構成次元の順に研究の整理を行う。最後に，消費者行動分野における面子の先行研究をレビューしたうえで，面子，面子意識と面子知覚の3者間の関係を明示する。

第6章では，まず，中国消費市場におけるブランド消費の特徴を明らかにする。その際，中国消費市場の特徴を概観したうえで，中国消費市場におけるブランディングの発展プロセス，ブランド消費の特徴とブランド消費と面子の関係を論じる。次に，これまでの先行研究を踏まえながら，中国市場や中国人消費者の現状を合わせて考慮したうえで，研究の課題を導き出す。

第7章では，1つ目の研究課題である中国消費市場におけるグローバル・ブランドと原産国イメージの効果に関する体系的国際比較研究を試みる。その際，中国発グローバル・ブランドと米国発グローバル・ブランドを取り上げ，グローバル・ブランド評価と原産国イメージがブランドの身分表示力というパブリックな意味づけに及ぼす影響を実証的に解明して，グローバル・ブランドと原産国イメージの効果および中米間におけるその効果を比較検討したい。

第8章では，面子に関連する主要概念である面子意識とブランドの面子知覚を取り上げ，実証研究を通してグローバル・ブランド消費における両者の影響メカニズムの解明を意図する。その際，特に面子意識はブランドの面子知覚とグローバル贅沢ブランドの評価との直接的な関係，およびブランドの身分表示力と購買意向との間接的な関係に焦点をあてる。

第9章では，結論からインプリケーションを導き出し，今後の課題を提示する。

10　第1章　問題意識と本書の構成

[注]

1）「中産階層」は「中産階級」と同様な意味であるが，中国では，「階級」という用語が「対立」，「闘争」などの政治的，イデオロギー的な意味を持つため，あまり使われていない（蔡，2006）。

2）楠木（2006）は，PCを例にして価値次元の可視性のプロセスを説明している。まず，新製品が売り出されたごく初期の段階においては，PCの価値や機能について，メーカーもユーザーもはっきりとした理解を共有していないため，価値次元の可視性が低い状態にある。しかし，PCについてのメーカーとユーザーの理解が深まり，支配的なデザインが確立されるようになり，PCの価値についてのコンセンサスが形成されると，その価値は特定少数の次元で把握できるようになる。これに伴い，企業は可視的な次元での差別化を追求するため，価値次元の可視性が上昇していくことになる。その後，ユーザーの理解がさらに深まり，さまざまな洗練された使い方を学習していくと，企業はさまざまな価値次元に対応した差別化を志向するようになる。例えば，処理速度や価格だけでなく，モニターの大きさ，メモリーやハードディスクの記憶容量，耐久性，多様な付加機能，サポートやアフターサービスなど，さまざまな価値次元に対応した差別化が行われ，価値次元の可視性は一時的に下落する。しかし，さまざまな価値次元上での競争がさらに続くと，再び価値次元の可視性は上昇に転ずる。それは，遅かれ早かれ製品の性能が顧客の要求水準を追い越してしまうためである。その結果，企業にとって残された差別化可能な次元は可視性が最も高い価格に一元化される。これがコモディティ化である。

3）楠木（2006）によれば，モジュール化が進むと，システム全体が相対的に相互依存性の高い構成要素群ごとに複数のグループ（モジュール）に分解され，インターフェースについてのルールが事前に確定されることになる。

4）提供される製品の性能が顧客の求める水準を追い越したことをオーバーシュートという（楠木，2006）。

第2章

ブランドの役割と研究の発展プロセス

第1節　ブランドの定義および基本的な役割

　「ブランド」(brand) は，焼印を押すという意味の「burned」から発生してきた言葉である。ブランドは長い間商業で次のような役割を果たしてきた (Aaker, 1991)。古代において名前を煉瓦のようなものに刻んでメーカーを識別していた形跡がある。また，中世のヨーロッパにおいてギルドがトレードマークを用いて顧客に保証を提供し，法的保護を製造業者に与えた。16世紀初め，ウィスキーの製造業者が自分の名前を焼きつけた木の樽で製品を運んだ。その名前はメーカーが誰であるかを消費者に明示し，安い製品の代用品を防止した。1835年に「オールド・スマグラー」というスコッチのブランドが導入されて，特別の醸造プロセスを用いた密造業者が作り出した品質の評判を利用した。

　アメリカ・マーケティング協会 (2007) は，ブランドを「ある売り手もしくは売り手集団の製品やサービスを識別させ，競合相手の製品やサービスと差別化するための名前，用語，記号，シンボル，デザイン，あるいはそれらの組み合わせ」と定義している。この定義の留意すべき点は，ブランドが製品のアイデンティティを示すものであり，競争差別性を創造するものとして形成されるということである (和田, 1984)。

　数多くの研究 (Aaker, 1991; Keller, 2008; 青木, 1997, 1999; 有吉, 2008; 鳥居, 1996; 和田, 1984) のなかで，消費者にとってのブランドの役割として，①購買意思決定に至るまでに要する時間と探索コストを削減できる「識別」機能，②購買リスク[1]の低減または回避ができる「品質保証」機能，③製品機能以外の情緒的な自己表現手段としての「意味づけ・象徴」機能などが挙げられている。また，企業にとってのブランドの役割には次のような便益が挙げられる。①ブ

ランドに商標権を付与することで，競合他社と差別化できる競争優位が獲得できること。②顧客ロイヤルティを獲得することにより，持続的財務成果が図られること。③競合他社の製品に比較してプレミアム価格を上乗せ，より高い収益率が実現できること，である。

つまりブランドは，消費者にとっては，購買意思決定に至るまでにかかるさまざまなコストやリスクを軽減し，製品機能以上の目に見えない感情的・情緒的機能まで購入できることが魅力である。一方，企業にとっては，消費者行動に影響を与え，販売でき，将来の持続的収益が確保できるという非常に価値の高い法的財産である。

第2節　製品ブランドを中心とするブランド概念に関する研究の発展プロセス

1．古典的なブランド研究

ブランドの重要性はマーケティングの生成期[2]から指摘されていた（近藤，1988; Shaw, 1915）。人口の未曽有の増加によって市場が拡大し続けたため，生産は最も支配的な問題となった。18世紀の産業革命を転機に自動化生産が実現し，標準化製品の大量生産が可能になった。その結果，比較的効率的な生産組織が構築されていた。同時に，有標品（ブランド品）化できる本質的な要件である品質の恒常性の維持と品質の絶えざる改善も図りうるようになった（山東，1969）。

産業革命以降，生産が発達したところ，既存の流通システムは生産の発展を阻害した[3]。既存の市場をもっと徹底的に開拓し，個人の未形成な欲求を確認し，その欲求を満たす可能性に注目しなければならないこととなった（Shaw, 1915）。つまり，生産が組織化されることにより過剰生産が発生し，販売における競争が一層激化した。

人間の欲求が多様化し，自らのニーズを満足させる製品の存在を知らない個人が表出しない未形成の潜在意識的なニーズは存在する。企業経営者は新製品

の創造によって未形成な欲求を明らかにし，満足させること，または，既存の製品に対して，設定された市場価格と，購買力や社会的地位や個人的習慣が異なる消費者のそのような製品に対するさまざまな主観的評価との間に差があること，に市場機会があることに目を向け始めた[4]（Shaw, 1915）。有能な流通業者は，既定の価格を有する日用必需品から製品を差別化[5]し，新たなより高い価格水準で改良された製品に対する需要創造をした。そこで，流通業者は自己の製品を他とはまったく異なる製品として消費者に認識させるために，ほとんどトレード・マークやブランドやトレード・ネームを用いることにした（Shaw, 1915）。

　また，伝統的な流通組織の下では，生産者と消費者との間に数多くの中間商人が介在していたため[6]，生産者が不利な地位に陥られた[7]（Shaw, 1915）。中間商人からの圧力がかけられ，利ザヤが圧迫される商人的生産者（merchant-producer）は，セールスマンの利用による卸売商への直接訪問販売，広告を通しての小売商への直接販売によって，段階的に中間商人を排除していった。さらに，生産者は自己の地位を強化するために，消費者向けの直接広告を用いて自分の生産物に対する需要を創造[8]しようとした。これにはトレード・マーク，ブランドまたはトレード・ネームによって差別化された製品を開発することも含まれる（Shaw, 1915）。

　以上は主にマーケティングの元祖であるShaw（1915）[9]の理論に基づき，マーケティングの生成期におけるブランドの役割と重要性を概観したものである。生産技術の進歩によって引き起こされる生産過剰問題を克服するために，非価格競争による需要創造活動は有能な経営者により試みられた。また，生産者は自ら販売の主導権を握るために，流通チャネルの選択にも力を注いでいった。いずれの場合においても，差別化のできる製品はその基礎となる。競合他社の製品と区別し，自社独自の品質やサービスを提供するために，ブランドは重要な役割を果たしていた。以上のように，ブランドの重要性は，近年からではなく，マーケティングの生成期から強調されていたことが確認された。また，そのブランドは製品と同じ次元で製品の一機能として議論され，主に品質の保証，さらには在来品との差別を識別するための競争手段として考えられていた。

2. ブランド・イメージ研究

古典的なブランド研究において，商人的生産者は中間商人を排除するために，広告が多く用いられた。広告を通して製品やブランドのイメージを消費者に直接伝達し，購買意欲を掻き立てながら指名購買を促進させようとした。Boulding（1956）によると，イメージが人々の過去の経験に基づいて形成されるため，その一部はイメージそのものの歴史である。イメージが変われば，それに応じて人々の行動も変化するように，行動はイメージに依存するものとされる。よって，ブランド・イメージは消費者の行動に決定的な影響を及ぼす重要な変数である。ブランド・イメージは広告と密接に関係づけられながら研究が進められた。

ブランド・イメージの研究は広告分野を中心に議論され（青木，2000），Gardner & Levy（1955）はイメージ研究の先駆者である（三浦，2008）。Gardner & Levy（1955）によると，消費者のブランド認識が，当該製品の実体的特徴の違いよりも，ブランドに対するわずかな感情の違いの積み重ねによって形成されることを示したうえで，このようなブランド・イメージ形成における広告の重要性を説いた。広告メッセージに影響されるブランド・イメージは一旦定着すると，その後のブランドの発展性，特にブランドの拡張性や方向性も規定されることになるとされる（小川，1997）。

特に大きな方向づけをしたのはColley（1961）が提示したDAGMAR（Defining Advertising Goal for Measured Advertising Results）モデルである[10]。DAGMARはLavidge & Steiner（1961）の「効果階層」（hierarchy of effects）モデルの1つである[11]。Aaker & Myers（1975）は，DAGMARでは市場についての知覚・評価と企業が関心を持っている消費者の究極的行動との間の橋渡し的な役割に関する検討が十分されていないと指摘したうえで，イメージ，態度，行動の三者間の重要な連結関係に関する評価，分析の仕方を提示した[12]。

1990年代以降，イメージに関する議論の1つは，品質知覚と関連づけられて展開された。図2-1はKirmani & Zeithaml（1993）が提示した品質知覚とブランド・イメージの関係を示すモデルである。このモデルの特徴は，ブランド・イメージに大きな影響を与える要因として「知覚品質（perceived quality）」[13]

第2節　製品ブランドを中心とするブランド概念に関する研究の発展プロセス　15

図2-1　知覚品質－ブランド・イメージ

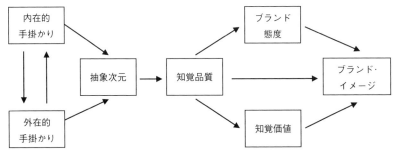

出所）Kirmani & Zeithaml, 1993, p.145

を中心におき，それに対する広告の効果を明らかにしようとする点にある。広告によって明示的に品質に言及することによって直接的に品質知覚に影響を与える。一方，品質のシグナルである「内在的手掛かり」と「外在的手掛かり」[14]，あるいは抽象的次元から引き出された全体的な品質に関する推論を通じて間接的に知覚品質に影響を与えることができるとされる。これらのプロセスを通して消費者のブランド・イメージが形成される。広告は，さまざまな連想のコミュニケーションを通じて良好なブランド記憶の内容と構造を形成する（陶山，1996）。特にブランドのさまざまな属性・手掛かりについて消費者が受けた広告露出と，それによってもたらされたブランド記憶・認知また情動的な連想が，購買時点で実際の製品ないしブランド選択に「差異的な」影響を及ぼすことになると指摘される。

さらに，Keller（1993）は，ブランド・イメージを顧客ベース・ブランド・エクイティの中核であるブランド知識の重要な一構成要素として見なす。ブランド知識はブランドに対して消費者が持つ差別化効果を生み出す源泉とされる。図2-2はブランド知識，ブランド認知およびブランド・イメージの関係を示している。ブランド・イメージはブランド知覚を表し，消費者の記憶内に保持されたブランド連想に反映されるものである。製品やサービスの本質と異なる部分を担い，顧客の心理的ないし社会的なニーズを満たそうとし，ブランドの無形要素と深く係わっているものに他ならない（Keller, 1993）。このブランド・イメージは単に「強度」や「好意度」だけから捉えるのではなく，「ユニーク性」

図2-2 ブランド知識，ブランド認知，ブランド・イメージ

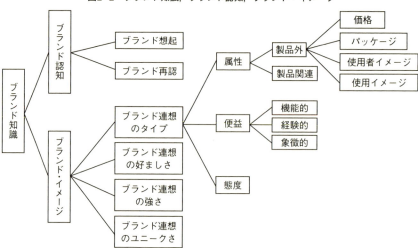

出所) Keller, 1993, p.7

や「発展性」といった次元も加え，より構造的で多面的に検討された（青木,2000）。

3. ブランド・ロイヤルティ研究

ブランド・イメージの研究と並行してブランド・ロイヤルティの研究が進められた。古典的なブランド研究において，Copeland (1924) は消費者の購買習慣や購買行動に関して，ブランド認知→ブランド選好→ブランド固執という態度の推移過程を提示した。このなかの「ブランド固執」はブランド・ロイヤルティ研究の出発点をなす(Jacoby & Chestnut, 1978)。ブランド・ロイヤルティの研究が本格化された契機には，1950年代以降に整備されつつあった各種の日記式パネル調査のデータ分析の仕組みがあるといわれている[15]（青木,2000）。その後，和田 (1984) によって理論の精緻化が図られた。

ブランドの選択行動は，消費者が心のなかで何らかの作業を行いながら，段階的にある種の心理的な状態を作り上げていき，最終的にブランド選択という行動になって現れてくる。このような心理的プロセスを伴うがゆえに，ブラン

ド・ロイヤルティは単なる反復購買という行動面のみならず，心理的側面も合わせて考える方が適切であるといえる（和田，1984）。和田（1984）では行動的ロイヤルティにブランド態度という側面を加えて検討し，認知的ブランド・ロイヤルティの重要性を提唱している。

　認知的ブランド・ロイヤルティとは，「特定製品分野で消費者が知名しているブランド群に対して，ある期間持続して保持している，限られた数のブランドに対して偏りのある，分類化された態度の構造であり，その偏りが大きいほど選択的かつ一貫性のあるブランド購買行動を生み出すような態度概念」である（和田，1984, p.36）。この態度の形成はブランド購買の前段階に現れる心の準備状態を示し，後続の購買行動に一定の方向性を示唆するものとして考えられる。また，消費者の心のなかには，ブランドは，①受容ブランド，②拒否ブランド，③無関心ブランドの３つのカテゴリーによって記憶され，各カテゴリー間の規模の相対的な関係をベースとして認知的ブランド・ロイヤルティが測定されるという。

　ブランド・ロイヤルティがマーケティング戦略作成にあたって果たす役割は，市場細分化の切り口として採用される場合と，ブランド・ロイヤルティ形成の過程を明らかにすることによって，マーケティング・ミックスの内容を対応させる場合に見出すことができる（和田，1984）。

　また，企業はブランド・マーケティングを展開するにあたり，より直接的な目標は，対象となる製品の売上高の向上と市場シェアの拡大であるが，売上高の向上と市場シェアの拡大とは必ずしも一致するものではないと和田（1984）は指摘している。その両者の関係は，製品の導入期には一致度が高いが，成長期においては必ずしも一致するとは限らない。市場が成熟期に突入すると，再び両者の一致度が高くなると説明されている。ブランド・ロイヤルティを形成することは，製品が市場に導入された後，成熟期へと進行するにあたって，売上高を拡大し，市場シェアを確保し，ひいては収益を獲得するうえで極めて重要であると主張されている（和田，1984）。

　図2-3は企業努力と市場成果を連結するブランドの役割を示している。青木（1999）によれば，企業は一連の努力を通じてブランドを確立し，さらに，売上高・シェア・利益を確保するためには，中間的な目標となるブランド・ロイ

18 第2章 ブランドの役割と研究の発展プロセス

図2-3 企業努力と市場成果との連結装置

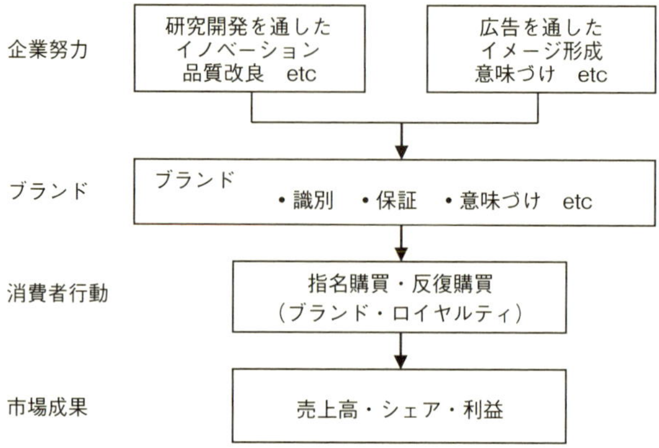

企業努力	研究開発を通した イノベーション 品質改良　etc	広告を通した イメージ形成 意味づけ　etc
ブランド	ブランド 　　・識別　・保証　・意味づけ　etc	
消費者行動	指名購買・反復購買 （ブランド・ロイヤルティ）	
市場成果	売上高・シェア・利益	

出所）青木, 1999, p.17

ヤルティの形成あるいは確立が重要である。ブランド・ロイヤルティが確立した暁には，当該ブランドは価格競争に巻き込まれることなく，高付加価値を維持し，確実な収益を確保することができるとされる（和田，1984）。とりわけこの点に関しては，市場が飽和化し，多様化しつつある今日において，顧客の生涯価値を勝ち取るのに重要な戦略的意義を持つといえる。

　1980年代まで，ブランド・ロイヤルティはマーケティングの中心概念の1つとして，消費者の反復購買行動，購買プロセスにおける一連の心理的活動，およびこれらを測定するための指標やモデルの開発に焦点をあてながら研究が進められていた。やがて，Aaker（1991）が提唱したブランド・エクイティの登場により，ブランド・ロイヤルティはブランド・エクイティの核として，その無形資産性が提示され，マーケティング戦略の目標となった。

4. ブランド・エクイティ研究

　1980年代末頃に台頭してきたマーケティング概念で最も人気が高く，重要性を秘めているのがブランド・エクイティである。ブランド・エクイティの研究ではマーケティング戦略上新たな視点が提起された。ブランド・エクイティ研

究が台頭してきた背景としては，① 1980 年代に盛んに行われていたM&A [16)] の結果，売買の対象としての「ブランド」資産評価の問題が重要になってきたこと，②短期的成果を上げるために行われた価格プロモーションやコスト節約型の安易なブランド拡張は，結果的にブランド・イメージをダウンさせることとなり，そのことに対する危機感が高まったこと，③反対に，ブランド・イメージの維持管理，適切な形でのブランドの再生や拡張を行った企業が，業績を伸ばし，それに対する関心が高まったこと，が挙げられる（Aaker, 1991; 青木, 1996）。ブランド・エクイティ研究は，概念的・包括的な研究から始められ，財務的な評価・測定，さらに企業の戦略的視点からのブランド管理の実践的な問題へと進んできた（徐, 2010）。

Aakerによると，ブランド・エクイティとは，「ブランド，その名前やシンボルと結びついたブランドの資産と負債の集合」である（Aaker, 1991, 邦訳, p.20）。このエクイティは，企業かつ（または）企業の顧客への製品やサービスの価値を増やすか，または減少させる（Aaker, 1991）。また，ブランド・エクイティは，ブランド・ロイヤルティ，名前の認知，知覚品質に加えて，ブランド連想，特許，トレードマーク，チャネル関係のような所有権に関わるブランド資産の5つの構成要素からなるとされる。これらの要素に関する活動価値を評価することによって資産構築への投資を正当化し，ブランド資産価値を評価する。

これに対して，Keller（2008）が提唱する顧客ベース・ブランド・エクイティ（Customer-Based Brand Equity）とは，「あるブランドのマーケティング活動に対する消費者の反応にブランド知識が及ぼす差別化効果」である（Keller, 2008, 邦訳, p.50）。ブランド認知とブランド・イメージからなるブランド知識は概念の中核をなす。

したがって，ブランド・エクイティは企業に差別化の源泉をもたらす一種の無形資産である。そのブランド・エクイティはブランド，そのネームやシンボルと結びつき，ブランド・ロイヤルティ，ブランド知覚，ブランド連想などを含む一連の資産価値を蓄積し，向上させることにより，簿価価値よりも遥かに上回る利益をもたらすことが可能となる，マーケティングの長期的な活動の成果を評価するのに非常に重要な概念である。

5．ブランド・アイデンティティ研究

　ブランド・ロイヤルティは長期的なマーケティング努力の成果により蓄積されるブランド資産であるがゆえに，強いブランド・エクイティの構築は企業の重要な戦略目標となる。言い換えれば，企業は，「いかにブランド・エクイティを高めるのか」，あるいは「いかに強いブランドを構築できるのか」といった課題に挑戦し続けなければならないのである。ブランド・エクイティがマーケティングの結果であるのに対して，ブランド・アイデンティティは強いブランドを構築するためのガイドラインを提示するものである。

　ブランド・アイデンティティの重要性が論じられる1つのきっかけは，強いブランド構築の困難さにあるといえる。Aaker（1996）は強いブランド構築の困難さを以下の8つにまとめた。①ブランド構築の動機づけに直接影響する価格競争の圧力，②可能なポジショニングの選択肢を減らし，ブランド構築を実行する際の有効性を低減させる競争者の増加，③市場やメディアの分裂，④ブランドの戦略や関係の複雑化，⑤戦略変更の傾向，⑥革新への反対，⑦他分野への投資圧力，⑧短期利益を求める圧力，である。

　Aaker（1996）によると，ブランド・アイデンティティは，「ブランド戦略策定者が創造したり維持したいと思うブランド連想のユニークな集合」である（Aaker, 1996, 邦訳, p.86）。この連想はブランドが何を表しているかを示し，また組織の構成員が顧客に与える約束を示している。ブランド・アイデンティティは機能的便益，情緒的便益と自己表現的便益を含む価値提案を行うことにより，ブランドと顧客との関係を確立しようとするものである。ブランド・アイデンティティは，製品（製品分野，製品属性，品質，価値，用途，ユーザー，原産国），組織（組織属性，ローカルかグローバルか），人（ブランド・パーソナリティ，ブランドと顧客との関係），シンボル（ビジュアル・イメージとメタファー，ブランドの財産）としてのブランドといった4つの視点から捉えられ，コア・アイデンティティと拡張アイデンティティから構成されている。コア・アイデンティティは，ブランドの中心にある普遍的な本質であり，ブランドが新市場や製品に使われても変わらないものであり，拡張アイデンティティは，まとまりと意味のあるグループに分けられ，豊かさと完全性を与えるブラ

ンド・アイデンティティの諸要素が含まれる。

　また，ブランド・アイデンティティを創造するには，4つの罠があると Aaker (1996) が指摘している。まず，ブランド・イメージは，受動的に過去を見るのに対して，ブランド・アイデンティティは能動的に将来を見据え，ブランドに期待される連想を反映する。それがゆえに，ブランド・アイデンティティの創造は，顧客が欲しがっているものだけでなく，ブランドが達成したいと望んでいるものも反映すべきである。次に，ブランド・アイデンティティはブランド・ポジションとは異なる。ブランド・ポジションは訴求対象に積極的に伝達されると同時に，競合ブランドに対する優位を示すものであるが，それはブランド・アイデンティティおよび価値提案の一部にしかすぎない。

　さらに，ブランド・アイデンティティは外部志向ではなく，企業内部に何かを伝達する手段となる。それはブランド・アイデンティティの有効性は，ブランドの強さ，価値，見通しを明らかにしようとする洗練された努力に依存しているためである。最後に，製品属性のみをブランド・アイデンティティの基礎におくのは重大な限界があるとされる。具体的には，製品属性をブランド・アイデンティティの基礎とすると，差別化できない，模倣されやすい，合理的な顧客のみを想定している，ブランド拡張戦略を制限する，戦略の柔軟性を弱めるなどが挙げられる。しかしながら，ブランドは製品以上のものであり，製品の物理的属性以外に多くの情緒的，自己表現的特性を持っているため，とりわけ組織レベルに基づく差別化を図ることの重要性が強調され，企業ブランド戦略の意義が示唆されている。

6．小結

　本節は，時系列に沿ってブランド概念に関する研究の変遷を概観してきた。表2-1はブランド概念や役割の変遷をまとめている。ブランドはマーケティング戦略上の重要な概念として，終始一貫認識されてきた。しかし，ブランド・エクイティ研究が登場するまでは，ブランドは製品の副次的な存在であり，マーケティング・ミックスの手段として断片的に認識されていたにすぎない。

22　第2章　ブランドの役割と研究の発展プロセス

表2-1　ブランド概念の変遷

時代区分	主たるブランド概念	ブランド認識
～1950年 （識別機能としてのブランド）	基本的なブランドの機能	断片的認識 マーケティングの機能的手段
1950～1985年 （手段としてのブランド）	ブランド・ロイヤルティ ブランド・イメージ	断片的認識 マーケティング・ミックスの手段
1988～1995年 （結果としてのブランド）	ブランド・エクイティ	統合的認識 マーケティングの結果
1996年～ （起点としてのブランド）	ブランド・アイデンティティ	統合的認識 マーケティングの起点

出所）青木, 1999, p.29, 徐, 2010, p.50 に基づき作成

　そして1980年代後半から提唱されたブランド・エクイティによって，これ
まで断片的に取り扱われてきた諸要素は統合的に議論されるようになった。そ
こで，各研究において論じられてきたブランドの情緒的・感情的価値の有用性
と競争優位性が正当化された。ブランド・エクイティは企業が長年のマーケ
ティング活動の努力によって蓄積された無形価値であり，企業の持続的競争優
位の源泉と認識されるようになった。さらに，強いブランドを構築するための
方策として，ブランド・アイデンティティ概念が提唱された。ブランド・アイ
デンティティの議論では，製品の属性に基づく差別化の限界に注意すべく，企
業が持続的競争優位性を獲得するには，企業（組織）全体に及ぶ議論の展開は
必要不可欠であることが示唆されている。

第3節　企業の構成概念および企業ブランド研究のレビュー

　ブランド・アイデンティティ研究では企業ブランドの重要性が示唆された。
本節では，企業の構成概念と企業ブランド研究の発展プロセスを概観する。

1．企業の構成概念に関する研究レビュー

（1）企業イメージ研究

　企業ブランディングは1950年代のイメージ [17] 研究から始まる（Balmer,

1999; Gylling & Lindberg-Repo, 2006）。心理学者は認知の一種，広報関係者はマインドに起こるすべてのことをイメージとして見なす（Grunig, 1993）。19世紀まで，経営者は企業外部の関係者と直接的にコミュニケーションを図ってきたが（Wiebe, 1963），組織の成長に伴い，その直接関与に手が回らなくなったため，組織はメディアの利用に目を向け始めた（Grunig, 1993）。このような経緯から，リーディング企業の広報関係に関する研究は，イメージそのものの測定手法のさらなる改善よりも，企業イメージの規定因となる企業とパブリックとの関係性が持つ性質を再検証することに焦点が絞られた（Wiebe, 1963）。

　イメージ研究の先駆として，Boulding（1956）と Martineau（1958a, 1958b）が挙げられる。Boulding（1956）は，人間が自ら持っているイメージを信頼するため，個々人が組織に対して抱くイメージとその人が組織に向けてとる行動との間に強い関連性があると主張している。Martineau（1958a）では，好ましいイメージは組織に差別的競争優位をもたらすとされる。さらに，実際の購買意思決定の場面において，企業イメージから派生した感情的意味合いは機能属性や価格属性よりも重要な役割を果たすと指摘されている（Martineau, 1958b）。

　企業イメージは人間の感情的側面に働きかけ，消費者のマインドに蓄積される無形のものであり，消費者の行動に一定の方向性を与えるものである。好ましいイメージは企業にとって望ましい消費者行動を引き起こすのに重要な役割を果たす無形資産であり，企業に差別的競争優位をもたらすことができる。しかしながら，概念の多様な解釈，否定的な連想，管理の問題，個人またはステークホルダーによる多様な知覚および知覚の重要性のバラツキなどの問題が存在するため，企業イメージは扱いにくい概念と見なされた（Balmer, 1999）。その後，企業アイデンティティの研究に包括されながら，主に企業レピュテーションの研究のなかで捉えられるようになった。

（2）企業アイデンティティ研究

　イメージ研究の初期段階においては，外部の顧客との関係を研究の中心においてきたが，1970年代以降，内部関係者すなわち全職員の役割も視野に入れる研究へと移行した。そのきっかけはKennedy（1977）の研究であり（Balmer,

1999），Kennedy（1977）は企業イメージ形成における全職員の重要性を訴えた。そこで，企業アイデンティティ概念の重要性が注目されるようになった。Olins（1978）は企業アイデンティティ研究において，内部関係者の行動と外部の顧客などから見た企業のイメージとの関係は，企業を象徴し，反映し，強調することにどのように結びつけるかという問題に焦点をあてている。

　企業イメージは外部の顧客の企業に対する知覚であるのに対して，企業アイデンティティは，コミュニティ，顧客，従業員，報道機関，既存と潜在株主，証券アナリスト，投資銀行を含む外部のパブリックに企業そのものを識別させるためのすべての手段を意味するとされる（Margulies, 1977）。企業は企業アイデンティティの管理能力とパブリックの知覚を変える能力によって，企業イメージに影響を与えられるように（Margulies, 1977），企業アイデンティティの研究にはイメージ管理も含まれると考えられる。明確に識別でき，認知される企業アイデンティティは企業の株価だけでなく，製品のプレミアム価格の形成や販売量の増加にも大きく寄与するとされる（Greyser, 1999）。

　Margulies（1977）は，企業アイデンティティを管理するにあたり，企業のすべての有形資産を体系的に管理するアプローチの重要性と，企業が自社の資産を明確に認識するために，リサーチと綿密な分析が欠かせないことを主張している。また，Dowling（1994）は図2-4に示されているように視覚アイデンティティの役割を提示した。ネーム，ロゴ/シンボル，カラースキーム，タイプフェース，建物，オフィスの装飾，標識，便箋，ユニフォーム，社用車，事業用トラックなどすべては，外部のステークホルダーに組織を識別させるために役立つものとされる。企業はこれらの要素を巧みに組み合わせながら外部のステークホルダーの視覚に訴えかけることを通して，人々の認識に刺激を与える。それによって，組織の知名度を向上させると同時に，企業に対する親近感を持たせ，選好を形成させることができる。とりわけ選好性の形成は企業イメージの再生や更新に良い影響を及ぼし，最終的には他社と差別化できる良いレピュテーションの創造につながると考えられている。

　企業アイデンティティの研究では，従業員の重要性が言及されたものの，主に外部のステークホルダーに有形資産を巧みに見せることによって企業イメージの向上を図るという点に重心がおかれてきた。企業イメージの研究に比較し

図2-4 視覚アイデンティティの役割

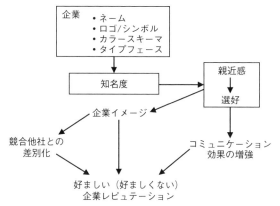

出所）Dowling, 1994, p.126

て，企業アイデンティティの研究はすべての外部のステークホルダーを巻き込む形で議論が展開されるため，広い外部的視点を持つ概念として位置づけられる。

（3）組織アイデンティティ研究

1980年代後半から，組織アイデンティティの概念が取り上げられた。組織アイデンティティは組織メンバーによって知覚され，理解される組織を表し（Hatch & Schultz, 2009），組織が持つ特徴を記述するものである（Albert & Whetten, 1985）。組織アイデンティティ研究の先駆はAlbert & Whetten（1985）であり（Hatch & Schultz, 2009），その考え方は社会アイデンティティ理論に依拠している（Albert & Whetten, 1985）。企業アイデンティティは外部のステークホルダーとの関係性に焦点をあてているのに対して，組織アイデンティティは組織内部のステークホルダーに目を向ける概念である。表2-2は企業アイデンティティと組織アイデンティティとの違いを示すものである。

Albert & Whetten（1985）は組織アイデンティティの中心的，特異的かつ恒久的特徴[18]に関わる質問に問いかけることによって組織アイデンティティを捉えている。中心的特徴は，企業の存在価値，目的，あるいはミッションを理解するための基礎となる企業のコア属性を意味する。特異的特徴は，支持者が

26 第2章 ブランドの役割と研究の発展プロセス

表2-2 企業アイデンティティと組織アイデンティティの関係

アイデンティティ次元	企 業	組 織
視 点	管理的 トップ管理者とアドバイザー	組織的 組織メンバー全員
受け手	外部のステークホルダー あるいはオーディエンス	組織メンバー あるいは内部のステークホルダー
伝達チャネル	仲介的	個人間

出所）Hatch & Schultz, 2009, p.17

　基礎属性からユニークさが知覚できることを意味する。恒久的特徴は，経営環境の変化による目標の変化や運営中の事業内容に関係なく，企業が時を経ても変化せずに持続できるアイデンティティのことを意味する。特に時間の経過とともに，企業は買収または新規開拓によって事業範囲を拡大していくにつれ，組織の目的も多様化するなかで多様な回答が提供できる能力が組織に求められるとされる。

　また，1990年代において，Whettenらは「組織アイデンティティ」と「組織との一体化」との違いに着眼しながら研究を進めていった（Hatch & Schultz, 2009）。前者は組織そのもの，後者は個人と集団または組織との関係に焦点をあて，組織アイデンティティを構成する個人的側面と社会的側面との相互関係に関する議論が繰り広げられている。特に組織アイデンティティは組織スキーマとして，組織の中心的，特異的かつ恒久的特徴を反映している。このスキーマを受け入れられると，特定の競争環境または経営環境におかれる組織メンバーは，組織が専念すべきイベントを選択する際の方向性が与えられることになる（Barney & Stewart, 2009）。

（4）企業レピュテーション研究

　企業レピュテーション研究は1990年代以降に始まった（Balmer, 1999; Balmer & Greyser, 2006）。企業レピュテーションとは，「パブリックによる企業の過去の活動により生み出された一連の属性に対する一般的な評価であり，一定の期間を経て，個人や集団が受け取る組織の製品やサービスのメッセージや経験の総和」である（Balmer, 1999, p.737）。要するに，企業レピュテーションは，企業の過去の活動とその結果を総合的に表出したものであり，企業内外の複数

のステークホルダーに価値のある成果を伝達する企業の能力を説明する概念である（Fombrun & Rindova, 2009）。構築するのに時間を要する点と，組織の有形的な側面に焦点をあてているところは，企業イメージと区別される企業レピュテーションならではの特徴をなす（Balmer, 1999）一方で，短期間で損傷を受ける可能性があるという点では両者は共通している。

企業レピュテーションはさまざまな視点から検討されてきた（Fombrun & Van Riel, 1998）。経済学における企業レピュテーションは特徴あるいはシグナルとして扱われる。ゲーム理論では，企業レピュテーションは他社と差別化を図る個性的な特徴であり，戦略的行動を説明するのに用いられる。シグナル学者は企業レピュテーションの情報的特性に注目する。戦略論では，模倣困難性に焦点をあてながら資産や流動障壁として扱われる。マーケティング論では，外部関係者がマインドのなかにある構図を形成するための情報処理の特徴に焦点をあてる。

企業レピュテーションの特性は以下の点に求められる（Fombrun & Van Riel, 1997）。①産業システムの派生的，二次的特性であり，組織領域における企業の振興的地位を具現化する。②企業の内的アイデンティティの外的反射であり，企業の社会的役割を果たす主体である従業員によるセンス作りの成果である。③企業の重要な資源の配置，歴史，企業活動，競合他社の攻撃を制約する移動障壁の形成によって開発される。④企業の過去の成果に対するさまざまな評価の要約である。⑤すべてのステークホルダーの間で共有される企業の多様なイメージを導き出し，ステークホルダー全員を誘引する。⑥企業の有効性を表明する2つの基本次元である経済成果と社会的責任を具現化する。

（5）小結

本項では，企業の構成概念である企業イメージ，企業アイデンティティ，組織アイデンティティ，企業レピュテーションの順に概観してきた。表2-3は各概念の研究視点を示している。企業イメージは主に外部顧客との関係に立脚しているのに対して，企業アイデンティティはすべてのステークホルダーに焦点をあてながら，従業員の役割も視野に入れられる。また，組織アイデンティティでは組織メンバー全員に範囲を広げ，企業レピュテーションにおいては企

28　第2章　ブランドの役割と研究の発展プロセス

表2-3　企業の構成概念の研究視点

年代	1950年	1970年	1980年後半	1990年
概念	企業イメージ	企業アイデンティティ	組織アイデンティティ	企業レピュテーション
視点	狭い外部	広い外部・狭い内部	広い内部	広い外部・広い内部

出所）先行研究に基づき筆者作成

業内外のすべてのステークホルダーが包括されるようになった。

　良い企業イメージを形成できれば，良い企業レピュテーションを高められる。同様に，良い企業レピュテーションの形成は良いイメージ評価の獲得につながる。また，企業は視覚アイデンティティによって外部関係者とのコミュニケーションを図り，良いレピュテーションの形成に努力を払う必要がある。ここで，企業のコミットメントと企業の実際の行動との一貫性は，利害関係者への約束に対して企業の対応姿勢を示すものである。そのために，従業員の行動を含む組織全体としての行動に一貫性を持たせなければならない。その一貫性を持たせるための，基本的でありかつ必要不可欠なのは，強い組織アイデンティティの構築に他ならない。企業にとって，企業内外のステークホルダーと良好な関係が創造できれば，他社に模倣されにくく，差別化できる持続的競争優位の獲得に接近できると考えられる。

2．企業ブランド研究

　製品ブランド概念の研究に関するレビューでは，製品属性に基づく差別化の限界が提示されると同時に企業の組織に基づく競争優位の獲得の重要性が示唆された。企業の構成概念に関する研究レビューにおいても，一貫性を持った組織アイデンティティは企業イメージ，企業レピュテーション，企業アイデンティティの基盤となり，持続的差別化の源泉であることが示された。

　1990年代前半から，ブランド数の劇的な増加に伴い，製品の便益はますます類似し，ブランドはコモディティ化に陥り始め，差別化という競争優位の維持が困難となりつつある。延岡（2006）は，製品レベルでの差別化に比較して，企業の組織能力での差別化を図った方が持続的競争優位の獲得に結びつけられると指摘する。企業が競争優位性を獲得し，それを維持するためには，組織な

いし企業次元での差別化を図れる企業ブランドの重要性が増してきている。

企業ブランド研究は，Aaker（1996）のブランド・アイデンティティ研究によって本格化したが，それに先立ってKing（1991）は，いち早く企業レベルで競争優位を獲得することの重要性を訴えていた。King（1991）は，既存・潜在顧客が購買意思決定などの場面において，その価値を判断する物差しが，製品レベルよりも企業（組織）レベルまで上がってきていると述べ，従来の枠組みを越え，企業のあらゆる側面を設計し，管理すべきと力説している。

その後，Aaker（1996）を皮切りに，単独ブランドよりもブランド・ポートフォリオ上にあるすべてのブランド間の関係に関する研究に注目が集まっている。特に，ブランド階層論研究における企業ブランドのポジションおよび他のブランドとの相互関係に関する議論が盛んになっている。ここで，企業ブランドは，ブランド階層において，最も高いレベルに位置するブランドとされる（Keller, 1998）。このように，企業が持続的競争優位性を獲得するためには，企業や組織次元における差別化を図るべく，企業ブランドを中心とするブランド階層やブランド体系にまで議論を展開しなければならないのである。

また，企業の資産価値評価における無形資産の重要性も指摘されるようになった。1997年以降，欧米では会計情報の有用性が低下してきたといわれている。それは，多くの無形資産がオンバランス化されていないことが主な要因の1つとして指摘された（伊藤，2002）。それで，無形資産会計が重要な問題として取り上げられるようになった。同様に，日本においても，1980年代から1990年代にかけて企業価値（株式時価総額）を決定する主要因子が，有形資産から無形資産にシフトしていることが伊藤（2002）によって検証された。つまり，無形資産は企業価値を決定する主要かつ重要な因子である。

無形資産のなかで，企業ブランドは企業外部者のみならず，企業内部者も含めたすべてのステークホルダーと関連づけられる。すべてのステークホルダーと良好な関係を作り上げることによって満足度を向上させ，企業ブランドをはじめとするブランド・ポートフォリオ[19]にあるすべてのブランドに価値をもたらすことができ，最終的に企業価値の向上に到達する。このように，無形資産のなかで特に企業ブランドの価値に着目する意義が非常に大きい。こうした背景を受けて，企業ブランドに関する研究は従来のマーケティング分野のみな

らず，経営，会計，ファイナンスといった分野においても注目を浴びるようになった。ここでいう企業ブランドとは，顧客が購入・使用する製品やサービスを提供する企業を規定し，企業の伝統，価値観，文化，従業員および戦略を映し出すものである（Aaker, 2004）。

さらに，2000年以降，企業の構成概念が統合され，企業ブランディングが展開されるようになった。特に，すべてのステークホルダーとの関係作りを通して価値を創造するという点では大いに注目されるようになり（e.g., Kapferer, 1997; Balmer, 1999, 2001; Hatch & Schultz, 2001; Dukeirich & Carter, 2009），企業ブランド研究に新たな視点が与えられた。それは，企業ブランドが企業価値を判断する基準としてすべてのステークホルダーに提供できるものであるため，企業ブランド管理は企業マネジメントであり，全社的視点に立って捉えなければならないのである。

表2-4　製品ブランドと企業ブランドの比較

	製品ブランド	企業ブランド
管理責任	ブランドマネジャー	CEO
職能責任	マーケティング	全部門
一般責任	マーケティング職員	全職員
学問の源泉	マーケティング	学際的
ブランド形成	短期	中長期
ステークホルダー焦点となる	消費者	複数のステークホルダー
価値	人工的	本物の
コミュニケーション・チャネル	マーケティング・コミュニケーション・ミックス	全社的コミュニケーション ①製品・サービスパフォーマンス，組織政策，CEOとシニア管理者の行動，職員の経験とその伝達，②マーケティングとコントロールされたコミュニケーション，③クチコミ
提携の次元	ブランド価値，製品パフォーマンス　コミュニケーション　経験／イメージ，レビュテーション　消費者コミットメント　環境（政治，経済，倫理，社会，技術）	ブランド価値，アイデンティティ（企業属性／サブ文化），企業戦略，ビジョン　コミュニケーション　経験／イメージ，レビュテーション　ステークホルダーコミットメント（内・外部支持者）　環境（政治，経済，倫理，社会，技術）

出所）Balmer & Gray, 2003, p.978

第3節　企業の構成概念および企業ブランド研究のレビュー　31

　表2-4は製品ブランドと企業ブランドとの比較を表し，主に次の点からその相違を捉えられる。①企業ブランド価値は創業者，オーナー，管理者，全職員によって創造されるのに対して，製品ブランド価値は，主にマーケティングや広告を通して作り上げられる。②企業ブランドは企業戦略，ビジョンに関連し，CEOやシニア管理者が戦略実行にあたるが，製品ブランドはマーケティング部門を中心とする中間管理者によって管理される。③製品ブランドは顧客をメインステークホルダーとするのに対して，企業ブランドは顧客，株主，従業員をはじめとするすべてのステークホルダーを対象にしている。④人材獲得や人的資源開発という面では，企業ブランドが大きな役割を果たす。

　このように，製品ブランドによる差別化の限界，企業価値における無形資産価値評価の必要性，顧客，従業員，株主を含むすべてのステークホルダーとの関係作りによる企業の価値創造の重要性が示唆されるなか，企業マネジメントの視点からの企業ブランドおよびその価値の管理は半永久的競争優位を獲得するために極めて重要である。

[注]
1）消費者が製品を購入し消費する際に知覚するリスクとして，①機能的リスク：期待した水準の機能を製品が果たさない，②身体的リスク：製品が使用者などの身体や健康に危害を与える，③金銭的リスク：支払った価格に製品が値しない，④社会的リスク：製品が他者に迷惑をかける，⑤心理的リスク：製品が使用者の精神に悪影響を与える，⑥時間的リスク：製品選びの失敗による満足のいく他の製品を探す機会コストが発生する，などが挙げられる（Keller, 2008）。
2）一般的に，マーケティングという概念は，1906年から1911年の間に米国で生まれたといわれ，近藤（1988）は19世紀末から1929年までを生成期と呼ぶ。
3）18世紀以降，感知されたニーズの無限的な拡大により，販売は比較的に容易であった。その結果，マーケティングにあまり関心が払われなかった。
4）Marshall（1919）の定義によると，「消費者余剰（consumer's surplus）」とは，「消費者がその物を求めずにいるよりはむしろ積極的に支払う価格は彼が現実に支払う価格をこえるその超過分」である（邦訳，pp. 262-263）。Shawはその理論を応用して価格理論を展開し，このような主観的評価が市場において需要を構成すると説いた。つまり，需要と供給の相互利用は，競争市場で消費者が品物を入手できる価格を作り出すのである。
5）Shawが提唱する差別化の方法として，例えば，少し改良を加えることで製品の使用法を一段とうまく適合した場合，装飾品や装備の素晴らしさが利用される場合，便利な包装の仕方，良い雰囲気，均一な品質を保証する評判が確立される場合，「サービス」や消費者への特別な便益に依存する場合などが挙げられる。
6）最もオーソドックスないし伝統的な連鎖として「製造業者－コミッション・マーチャント－ジョバー－卸売業者－小売業者－消費者」の関係が形成された。これらの中間商人を媒介として需給調

32 第2章 ブランドの役割と研究の発展プロセス

整はスムーズに実施されるようになった（近藤, 1988）。Butler（1917）はそのことを,「中間商人は需要と供給の調整における市場組織の大黒柱になった」と説明している。

7）製品の販売が中間商人によって支配されると, 中間商人は生産者に圧力を加え, 生産者の利幅を少なくすることができる。この圧力から逃れるため, より財力のある生産者（「商人的生産者」）は, 自ら商人となり, 消費者との直接的接触を確立しようとした（Shaw, 1915）。

8）品質またはサービスの面で「特別の優位性（special advantage）」を持つアイディアを, 一連の中間商人を通じて消費者に伝達することの困難さに気づいた革新的生産者は, 自己の製品についての正確な情報を消費者に直接伝達するようにした（Shaw, 1915）。

9）Shawは最初にブランド研究を提示した論者であるといわれる（近藤, 1988）。

10）DAGMARにおいて, コミュニケーション課業（e.g., 知名を生み出し, 情報を伝え, 態度を発達させ, あるいは行為を誘発させることなど）は, コミュニケーション過程に関する特定のモデルに基づいて定義される。このモデルは, ある銘柄や対象がある個人に受容されるまでに通過しなければならない一連の心の段階が存在することを示唆している。その段階は, 銘柄を知ること→銘柄理解（brand comprehension）→確信（conviction）→行為（action）局面である（Colley, 1961）。広告計画のためのDAGMARアプローチの精髄は, 広告目標を定義したその簡潔な言明のなかに要約される。すなわち, 広告目標は, 所与の時間内に, 一定のオーディエンスの間で達成されるべき特定のコミュニケーション課業であるとされる（Aaker & Myers, 1975）。

11）その他の階層モデルには次の3つがある（Aaker & Myers, 1975）。①1920年代に開発された, 人的販売の効果的なプレゼンテーションは, 注意を引きつけ, 関心を獲得し, 欲望を創造し, 行為を促進するといった順を踏まなければならないことを示唆する初期の階層モデルAIDA。②1930年代に新しい穀物と肥料に係わる技術革新の採用過程を研究していた農村社会学者によって最初に考案され, 知名, 関心, 評価, 試用, 採用といった段階を示すモデル。③Lavidge & Steiner（1961）により開発され, 社会心理学理論と密接に結びついた, 知名, 理解, 愛好, 選好, 確信, 購買の6段階を包含するモデル, である。

12）Reynolds & Gutman（1984）はイメージ管理と広告の関係に関する研究を,（a）全般的な特徴や感情・印象の分析,（b）MDS（多次元尺度構成法）を初め定量・定性両技法による製品知覚の分析,（c）信念−態度アプローチによる研究,（d）ブランド・パーソナリティ研究,（e）製品特性と感情・情緒との関連分析, の5つに分類している。

13）知覚品質は, 製品の全体的な優秀さまたは優位性に関する消費者の判断であり, 具体的な属性よりも抽象度の高い概念である（陶山, 1996）。

14）Kirmani & Zeithaml（1993）によると,「内在的手掛かり（Intrinsic Cues）」とは, 製品の具体的で物理的な特性ないし低いレベルの特定のブランド信念である。他方,「外在的手掛かり（Extrinsic Cues）」とは, 製品に関連してはいるが, 物理的な製品そのものの一部ではなく, 製品の「外部」にあり, それを変更しても物理的な製品を変更したことにならないものである。ただ, 陶山（1996）は, 製品の「内在的」属性の意味する部分が狭く解釈されると指摘している。具体的には, 製品の属性として製品のハード機能, ソフト機能, 生活シーン機能の3つを含めて「内在的」な属性と見なす方が今日の製品の姿をよく現しているとされる。

15）当時, 米国の新聞社や調査会社を中心に買い物日記を用いた消費者パネル調査の仕組みが整備されつつあることに加え, 統計学の分野から分析手法として確率モデルの考え方が導入され, このような新しい調査や分析のための道具立てが揃うなかで, いくつかの端緒的な試みが行われ始めた（青木, 2000）。

16）第1次M&Aブームは, 1893年の大不況回復時から1904年の景気後退まで, 第2次は1919年から1929年まで, 第3次は1960年代後半から1970年代初頭の不況までである（大石, 1990）。1980年代からの第4次M&Aブームの特徴として, 財務目的よりも経営資源の獲得（技術, 人材, ブラン

第3節　企業の構成概念および企業ブランド研究のレビュー　33

ド，チャネル，マーケティング・ノウハウ）を目的にしているものが多いと指摘される（大石，1990）。

17) イメージの語源はラテン語の模倣（imitation），模写（replica）であるとされる（Grunig, 1993）。

18) この3つの特徴は多くの研究に引用されている（Hatch & Schultz, 2009）。

19) ポートフォリオは元々，株式投資家が所有している株券をファイルしておくフォルダーのことを指すが，それを転義して，リスクと収益性のバランスを考えた投資の組み合わせを意味するようになった。ブランド・ポートフォリオは，マスター・ブランド，エンドーサー，サブブランド，ブランド差別化要素，共同ブランド，ブランド活性化要素，企業ブランドなど，現在活用されていないものを含め，組織によって管理されるすべてのブランドを含むとされる（Aaker, 2004）。

第3章

グローバル・ブランド研究

　1990年代に突入してから，ベルリンの壁と社会主義国の崩壊，WTO（世界貿易機関）の発足やFTA（自由貿易協定）の進展につれ，貿易障壁が撤廃され，経営資源が自由に移動できるようになった。グローバル化時代を迎え，企業の国際的な活動は活発の一途を辿っている。企業にとって，グローバル・フィールドで持続的競争優位性を獲得するには，強いグローバル・ブランドの構築が欠かせない。本章では，グローバルな視点からブランド研究を概観する。その際，まず，グローバル・マーケティングの進化プロセスについて概観する。次に，グローバル・ブランドの定義と優位性について論じる。さらに，国際マーケティング分野と国際ブランディング分野におけるグローバル・ブランドに関する先行研究をレビューする。

第1節　グローバル・マーケティングへの進化プロセス

　近年，地球規模でのマーケティング活動の展開は顕著に見られる。図3-1はグローバル・マーケティングの進化プロセスを示しており，国を単位とする国際マーケティング，地域を中心とする多国籍マーケティングを経て，地球規模に広るグローバル・マーケティングへと時間の経過とともに発展していくという流れが読み取れる。

　マーケティングは20世紀初頭，大量生産によって発生した生産過剰問題に直面した時に生まれた学問である。マーケティングは国内マーケティングからスタートし，輸出によって海外市場に関与するようになる。よって，グローバル・マーケティングの起点は輸出マーケティングにある。マーケティング技術を部分的に活用した輸出活動の歴史は1920年代にまで遡ることができるが，

第1節　グローバル・マーケティングへの進化プロセス　35

図3-1　グローバル・マーケティングの進化プロセス

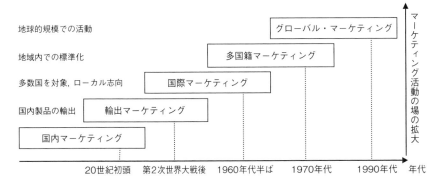

出所）Kotabe & Helsen (2011), pp.14-18を参考に筆者作成

1つの戦略体系としてマーケティングが推進されるようになったのは第2次世界大戦後である（竹田, 1996）。輸出マーケティングは基本的に国内マーケティングの海外への適用に過ぎなく，国内マーケティングの延長であり，国内マーケティングとは質的な相違が見られないと指摘されている（大石, 2004; 竹田, 1996）。

多くの企業が自国を含む多数の国において，マーケティング活動を展開することになると，国際マーケティングの時代に突入したといわれる。Kotabe & Helsen（2011）によると，国際マーケティングは多数国に対する現地適合戦略の計画や実行，多国籍マーケティングは共通性のある地域内における標準化を図るマーケティング戦略の計画や実行である。よって，国際マーケティングは多国籍マーケティングの初期段階に位置づけることができる。ところが，産業や企業の発展段階に違いこそあれ，国際マーケティングと多国籍マーケティングはほぼ同時期に起きた現象として捉えることもできよう。

その後，グローバル・マーケティングへと進展するが，グローバル・マーケティングの概念に関する定義はまだ定着していないといわれる（嶋, 2000; 堀出, 2003）。グローバリゼーションを力説したLevitt（1983）は，グローバル・マーケティングを，グローバル企業が世界のあらゆる場所で，同じ方法で，同じものを販売する活動であるとした。ところが，堀出（2003）は，世界中の顧

36   第3章　グローバル・ブランド研究

客全体を，同質的，一律に取り扱うことができないと指摘したうえで，グローバルに共通できる要素とローカルに適合すべき要素の併存を認めている。グローバル・マーケティングの本質は，「画一的なマーケティング」にあるのではなく，「世界的視野に立ったマーケティング」にあるとされる（大石，2004）。国内マーケティングと対比すれば，国際マーケティングの本質的な特徴は，対市場活動が国境を越えて行われるところにあり，よって，グローバル・マーケティングを，企業は多数国の国境を越えて同時に行われる対市場活動として捉えることができる（諸上，2007）。したがって，確実にいえるのは，グローバル・マーケティングとはマーケティング活動範囲の地球規模的な拡大である。

　ところが，国や地域によって，政治，法律，言語，文化や伝統または流通政策，販売網などに違いがあるがゆえに，グローバル・マーケティングといえど，事業活動の完全な世界標準化は基本的に考えられない。川端（2009）は，グローバルかローカルかということではなく，各市場（地域）が有するローカルな市場の脈絡の理解と利用こそがローカル戦略の成功だけでなく，グローバル戦略を支援し成功させるのに非常に重要であると主張している。したがって，グローバル・マーケティングとは事業活動範囲の地球規模的な拡大を指しているが，それはローカル市場を理解せず安易に成功できるものではなく，むしろローカルの市場，とりわけ消費者への理解はグローバル・マーケティング戦略を成功させるために必要不可欠である。

第2節　グローバル・ブランドの定義とその優位性

　近年多くの企業では，消費者によるブランドに対する認識の混乱を避けるために，パナソニックのようにグローバルを意識し企業ブランド名を世界規模で統一したり，P&G[1]（Hatch & Schultz, 2001）に見られるように個別ブランドを多数の主力製品や企業名と関連づけたりする動きが見受けられる。これは，グローバリゼーションが進んだ結果，グローバル・ブランドの開発や育成の重要性がこれまで以上に認識されているからに他ならない。

　グローバル・ブランドという用語は頻繁に使われるようになってきたもの

の，この用語に対する定義づけを行っていない研究が散見される（e.g., Holt et al., 2004; Kapferer, 2005; Van Gelder, 2003）。グローバル・ブランドの定義に触れた先行研究としては，Barron & Hollingshead（2004），Cateora & Graham（2007），Townsend et al.（2009）が挙げられる。Barron & Hollingshead（2004）はブランド・ポジショニングの視点から，グローバル・ブランドを「すべての市場において同様の価値と類似したポジションを持つブランドのこと」（p.9）とする。この定義は主に企業の一方的な戦略展開に基づいて考えるものであり，購買主体である消費者側のことはほとんど考慮されていないといえる。

　ブランドの価値次元は多岐にわたっており，歴史，伝統，文化などが異なる市場環境におかれる消費者は，独自の価値体系やモノの見方を形成するため，ブランドに関心を持つ価値次元やブランドに対する理解は基本的に異なる。よって，同一製品同一ブランド名で販売されるグローバル・ブランドであっても，消費者に「同様の価値」，「類似したポジション」を知覚させるのは困難なことであろう。ここで重要なのは，市場や消費者への理解である。なぜなら，消費者がブランドをどのように知覚するかは購買意思決定に決定的な影響を及ぼすためである。

　Cateora & Graham（2007）は，グローバル・ブランドを，「ある売り手の製品やサービスを識別させ，競合他社との差別化を図るために世界規模で用いられるネーム，用語，サイン，シンボル（視覚および／または聴覚），デザインあるいはそれらの組み合わせ」（p.360）とする。これは，一般的に使われるブランドの定義を援用し，ブランドの範囲をグローバルに拡大したものであると考えられる。Dimofte et al.（2008），Rosenbloom & Haefner（2009）らの指摘にあるように，特にブランドのグローバル性知覚において，企業による押しつけではなく，消費者がグローバル性を認識しているかどうかはグローバル・ブランドを判断する重要なポイントとなる。

　Townsend et al.（2009）は，「企業のグローバル化の成熟段階において，企業が所有しているすべてのブランドと関連づけられ，かつブランド・ポートフォリオを支えながら，主要な3大地域（北米，ヨーロッパ，アジア）の多数国で販売されるブランド」（p.541）をグローバル・ブランドとする。この定義では，ブランドの地理的範囲が明確に定められ，かつブランド・ポートフォリオ管理

の視点も取り入れられている。

　先行研究を踏まえながら，グローバル・ブランドとは次の要件を満たすものであると考えられる。その１つは，ある売り手の製品やサービスを識別させ，競合他社との差別化を図るために用いられるブランド名，用語，シグナル，シンボル，デザインあるいはそれらの組み合わせである。２つ目は，世界の多数国で販売されていることである。３つ目はグローバル性を帯びることであり，かつそのグローバル性は消費者によって知覚されるものである。

　強いグローバル・ブランドは，企業に次のような優位性をもたらす。①地球範囲での規模の経済性，ブランド拡張の基盤を獲得できること，新製品開発と研究開発コストの効率性を向上させられること（Aaker & Keller, 1990; Barron & Hollingshead, 2004; Levitt, 1983），②世界規模でのアイデンティティを構築し，堅実な顧客特権を開発できること（Aaker, 1996; Hsieh, 2002; Kapferer, 1997; Keller, 1998），③特にパッケージ製品産業にとって，小売企業への対抗手段として有効であること（Barron & Hollingshead, 2004），④グローバル組織間の効率的な調整が可能となり，かつ学習機会が増加できること（Barron & Hollingshead, 2004; Quelch, 1999），⑤高度人材を獲得し維持できること（Quelch, 1999）などが挙げられる。他方，グローバル・ブランドは品質のシグナルであり（Holt et al., 2004），消費者に高品質知覚，プレステージ感やステータス（Johansson & Ronkainen, 2004）といった価値をもたらすことができる。

第３節　国際マーケティング分野における　　　ブランディング研究の状況

１．国際マーケティング関連ジャーナルにおける　　ブランディング研究の状況

　グローバリゼーションの進行に伴い，国際マーケティングに関する研究は増える一方である。国際マーケティングに関連するジャーナルの発行状況を概観すると，1976年から1982年までの刊行部数は112本に過ぎなかったが，1983年から1990年までに230本，さらに，1990年から2000年までに587本へと増

第3節　国際マーケティング分野におけるブランディング研究の状況　39

加した（Nakata & Huang, 2005）。研究の中身を見ると，1970年代から1980年代は，主にマーケティング・ミックスやバイヤーの行動に焦点があてられてきた。1990年から2000年までのジャーナル掲載論文のトピック別内訳は表3-1に示す通りである。この表から，マーケティング戦略と組織，進出/経営方式

表3-1　1990－2000年における国際マーケティング研究トピックの集計

研究トピック	合　計	1990－1995年	1996－2000年
マーケティング戦略と組織	150 （26%）	61 （20%）	89 （31%）
マーケティング戦略	79 （14%）	36 （12%）	43 （15%）
マーケティング管理/組織	71 （12%）	25 （ 8 %）	46 （16%）
バイヤー行動	131 （23%）	61 （20%）	70 （24%）
消費者行動	116 （20%）	54 （18%）	62 （21%）
ビジネスバイヤー行動	15 （ 3 %）	7 （ 2 %）	8 （ 3 %）
進出/経営方式	97 （17%）	54 （18%）	43 （15%）
輸入/輸出	57 （10%）	33 （11%）	24 （ 8 %）
ジョイントベンチャー	4 （ 1 %）	1 （ － ）	3 （ 1 %）
完全所有企業	2 （ － ）	2 （ － ）	0 （ － ）
非出資型戦略提携	2 （ － ）	0 （ － ）	2 （ － ）
ライセンシング/フランチャイジング	3 （ 1 %）	1 （ － ）	2 （ － ）
進出方式（全体）	29 （ 5 %）	17 （ 6 %）	12 （ 4 %）
マーケティング・ミックス	88 （15%）	60 （20%）	28 （10%）
製品	9 （ 2 %）	7 （ 2 %）	2 （ － ）
価格設定	2 （ － ）	1 （ － ）	1 （ － ）
販売促進	25 （ 4 %）	14 （ 5 %）	11 （ 4 %）
流通経路/ロジスティックス	51 （ 9 %）	37 （13%）	14 （ 5 %）
すべての側面	1 （ － ）	1 （ － ）	0 （ － ）
市場特性	70 （12%）	47 （15%）	23 （ 8 %）
マーケットとマーケティング構造	46 （ 8 %）	31 （10%）	15 （ 5 %）
政治/法律/規制/倫理/環境	24 （ 4 %）	16 （ 5 %）	8 （ 3 %）
調査方法	27 （ 5 %）	6 （ 2 %）	21 （ 7 %）
小売業	8 （ 1 %）	4 （ 1 %）	4 （ 1 %）
その他	16 （ 3 %）	4 （ 1 %）	12 （ 4 %）
合　計	587 （100%）	297 （100%）	290 （100%）

注）ジャーナルの主な出所は以下の通りである。

　　International Business Journalsから459件（65%），内訳は，International Marketing Review（IMR）が49%，Journal of International Business Studies（JIBS）が10%，Management International Review（MIR）が6%である。

　　Marketing Journalsから128件（35%），内訳は，International Journal of Research in Marketing（IJRM）が8%，Journal of the Academy of Marketing Science（IAMS）が4%，Journal of Business Research（JBR）が13%，Journal of Consumer Research（JCR）が3%，Journal of Marketing（JM）が4%，Journal of Marketing Research（JMR）が1%，Journal of Retailing（JR）が1%，Marketing Science（MS）が1%である。

出所）Nakata & Huang, 2005, p.613

40   第3章　グローバル・ブランド研究

関連の研究に重点を移しながら，バイヤー行動やマーケティング・ミックスは依然として研究のホットトピックであったことが読み取れる。また，市場特性，マーケットとマーケティング構造に関する研究も現れた。

　国際ブランディングは国際マーケティングと同様に重要視され，かつブランディング政策は全社的マーケティング戦略の主要な問題点として扱われてきた（Douglas et al., 2001）。ところが，残念なことに，2000年までに国際マーケティング関連のジャーナルでは，ブランディングをトピックとする文献が存在しなかったことが表3-1から読み取れる。

2．世界標準化 vs. 現地適合化の議論における ブランディング研究の状況

　国際マーケティング研究において，マーケティングの諸政策や戦略について，世界標準化と現地適合化のいずれを採用すべきかに関する議論は1960年代から続けられてきた。ここで，この議論におけるブランディング研究の状況を年代ごとに確認していく[2]。

　1960年代の標準化論争は主に欧州における広告の標準化を巡って行われた。その背景には，第2次世界大戦後の欧州市場における米国製品の氾濫とEEC（European Economic Community: 欧州経済共同体）成立を契機に活発化した米系企業による欧州進出があったことが挙げられる。当時，米国の製品は圧倒的な優位性を示していたため，欧州市場で販売する製品そのものは米国製の延長で十分であった。それで，製品ではなく「広告」を中心に標準化 vs. 適合化の論争が始まったといわれる。

　Elinder（1961）による欧州地域での広告の標準化に関する主張は標準化論争の発端をなす。広告を標準化することによって，ブランド認識の不一致を防ぐことができ，かつ国境を越えて移動する人々に安心感を与えられるとされる。国境を越えた販売活動におけるブランドに対する認識を統一させることの重要性が示唆されたのである。ところが，この欧州標準化に対しては，次のような理由で反論もあった。それは，欧州各国はそれぞれの習慣・伝統・言語・文字などを簡単に捨て去ることができないこと（Lenormand, 1964），国際的広告代

理店とローカルな広告代理店という広告代理店同士の思惑が絡んでいること（Ryans, 1969）などである。

このように，1960年代において，ブランド認識の一貫性を保つことの重要性が言及されたものの，議論の中心は広告標準化の是非であり，ブランドは主役として前面に出ていたわけではなかったことを確認できる。

1970年代の議論は世界標準化よりも現地適合化が強調され，研究分野では，現地適合化のための市場特性分析が中心であった。その背景には，米系多国籍企業が欧州で現地企業から競争圧力を受け，シェア確保のため現地市場のニーズに適合せざるを得なくなったこと，新しい挑戦者である欧州系多国籍企業はマルチドメスティックな性格を有していたこと，欧米多国籍企業の主な目的は現地での競争優位の獲得であったこと，などがある。

同様に，1970年代の議論において，各現地市場におけるブランディング問題や商標管理問題に関する議論があったものの，ブランドはあくまでも4Pの1つである製品政策の一要素に過ぎなかった。ブランドそのものを正面から捉えようとする議論はほとんどなく，ブランドは経営戦略やマーケティング戦略の中心的な問題ではなかったことが確認できる。

1980年の議論はLevitt（1983）の論文によって始まったとされる。Levitt（1983）によれば，通信技術の発達は財・サービス情報の世界各地への提供，輸送技術の発達は財や人の世界的移動の加速化をもたらす。その結果，世界中の人々は独自の伝統的・慣習的選好を放棄し，世界最高の品質と世界最低の価格を兼ね備えた財・サービスを求めるようになる。それによって，諸市場のグローバル化＝同質化がもたらされ，各国の企業は標準化された製品を標準化された方法で提供することが必然になるとされる。

Levittによる諸市場のグローバル化の主張をはじめとする1980年代の標準化議論が喚起された契機として，1970年代後半から80年代にかけて高品質／低価格の製品を提供し世界を驚かせた日本企業の台頭が挙げられる。Levittは日本企業が提供する製品をT型フォードになぞらえ標準化製品の典型と見なしている。実際のところ，詳細な現地市場調査を行い，米国市場に適合化したマーケティングで成功している（Kotler et al., 1985），米国企業よりも現地適合化に優れており，英国市場で強い競争優位性を確保していること（Doyle et al.,

42   第3章　グローバル・ブランド研究

1986），効率的な世界標準化と柔軟な現地適合化の両方の改善によってフィンランド顧客の満足度を高めていることから，日本企業の戦略はLevittが力説するような単純な標準化ではなく，現地市場に適合することを前提に展開されていたことがわかった。

Levitt流の世界標準化戦略に対しては，支持も多いが批判も多かった。政府規制，気候，文化，経済，消費者行動などの点で越え難い異質性（Kotler, 1986），国内市場でさえ市場細分化を求められる時代において，世界標準化は多くの選択肢の1つに過ぎない（Wind, 1986; Douglas & Wing, 1987）などが主な批判理由として挙げられる。

1980年代において，ブランドは実証研究のなかでは言及されたものの，国際マーケティング標準化論争の中心的議題には入らなかった。

1990年代には，旧社会主義諸国の市場経済化に伴い，企業間の競争がまさに地球規模で展開されることになった。それによって，国際マーケティング標準化議論に新たな研究視点が注入された。主流となるのは，世界標準化と現地適合化という両極端を排斥し，両者の中間を模索し，両者のバランスを取るべきであるという主張であった。同時に，標準化と経営成果との関係を追求する研究も始められた。

ところが，1990年代においても，ブランドはあくまでも国際マーケティング諸政策の1つに過ぎないとされていた。

2000年代において，大石（2004）の分析によると，多国籍企業間の競争がグローバルにかつ熾烈になり，さらには，多国籍企業間競争という水平的競争ばかりでなく，巨大製造企業 vs. 巨大小売企業という垂直的競争が激化したため，再び世界標準化の傾向が進んでいった。その際，主に議論されたのは，マーケティング・プログラムとマーケティング・プロセスの標準化や，標準化／適合化と経営成果との関係に関する議論であった。ここでも，ブランドは依然として主要な課題ではなかったことが確認できる。

上述のように，2000年代前半まで，標準化 vs. 適合化の論争において，ブランドは単なるマーケティング諸政策ないし製品政策の一部としてしか取り扱われていなかった（大石，2004）。これまで確認してきたように，1980年代後半から盛んに行われてきたブランド研究は，基本的に国内市場単位で展開され

ていた。国際マーケティング分野においては，その重要性が認められていながら，特別な対象として扱われていなかったことがわかった。

2000年代前半において，真正面からグローバル・ブランドを取り上げた論者として，Barron & Hollingshead（2004）とKapferer（2005）が挙げられる。いずれの研究においても，グローバルとローカルとのコラボレーションが力強く推奨されている。国境を越えて移動する国際的消費者の増加に伴い，ブランドの知名度を向上させることは，国際的消費者を勝ち取り，利益を向上させるための重要な戦略となる。なぜなら，グローバル・ブランドは消費者認知という面において規模の経済性を達成できるためである。

Barron & Hollingshead（2004）によれば，世界を範囲とする均一化される消費者知覚調査を実施する企業が滅多にない，もしくは実施できないため，消費者リサーチは基本的に現地レベル（つまり，現地の調査会社による調査）で実施される。現地の調査機関は独自の調査票を用いてセグメンテーション研究を行うことによって，各市場独自のセグメント・スキームを見出すことができるものの，比較可能性を欠くため，世界共通のセグメンテーションを発見できないと指摘する。

Kapferer（2005）は，多くの産業において（サービス産業も含めて）川上や生産過程において標準化は依然として重要であるが，ブランドや製品などの川下の過程では標準化にはまだ程遠いと指摘し，ブランド名はグローバル化できても，製品は標準化できないと説いた。川下や顧客寄り側では，グローバル・コンセプトは地域またはローカル・コンセプトに置き換えられる傾向が見られ，特定地域のための製品開発はより一般的になってきている（Kapferer, 2005）。グローバル・ブランドを開発するにあたり，ローカル間または中央とローカル間のコラボレーションが非常に重要であると指摘されている（Barron & Hollingshead, 2004; Kapferer, 2005）。

第4節　国際ブランディング研究

前節では，国際マーケティング関連のジャーナルの発行状況と，国際マーケ

44 第3章 グローバル・ブランド研究

ティングの重要な議論の1つである世界標準化 vs. 現地適応化の研究を概観する
ることを通して，国際マーケティング分野における国際ブランディング研究の
状況を明らかにしてきた。すなわち，いずれの分野においても，真正面から国
際ブランディングを問うものは極めて少ないことがわかった。本節では，国際
ブランディングに関連性を持つジャーナルにおけるブランディングの研究状況
を確認したうえで，消費者行動分野におけるブランドの意味づけに関する先行
研究をレビューする。

1. 国際ブランディング研究の状況

表3-2は1975年から2005年までの国際ブランディング関連のジャーナルの
なかで取り上げられたブランド研究のトピックの集計である。総数が40本し
か存在しないという事実から国際ブランディング研究はそれほど蓄積されてい
ないことが確認できる。その内訳を概観すると，最も多いのはブランドの標準
化vs.適合化を主題とする研究であり，次に多いのは国際ブランド戦略関連の
研究である。さらに，ブランドの標準化vs.適合化の研究では，ブランド名に関
する研究が3分の2（15件のうち10件）を占めていることから，国際ブラン
ディング研究におけるブランド名の標準化の重要性が示唆される一方，国際ブ
ランディング研究の視点の幅に限りがあることも確認できる。

表3-3はグローバル・ブランドの意思決定における標準化の状況を示すも
のである。当然ながらブランド・ネームという要素はすべて標準化されてい
る。また，製品の本質的機能（core product）もすべて標準化されており，さら
に，ブランド・ポジショニングの標準化率も高いことが読み取れる。これは，
製品の本質的機能やポジショニングはブランドの基底的な差別性であり，標準
化されなければならないことを示している（原田，2010）。

図3-2は製品価値（製品属性）の構造を階層的ピラミッド構造として示した
ものである。製品の価値は，基本価値，便宜価値，感覚価値，観念価値の4つの
価値からなっており，それぞれの価値創造は階層的であるとされる（和田，
1997）。すなわち，例えば，基本価値が十分に提供されなければ便宜価値は創
造されないということである。

第4節　国際ブランディング研究　　45

表3-2　国際ブランディング関連文献のトピック集計

研究トピック	論文数（％）
国際ブランドの標準化/適合化	15（38）
ネーム	10（25）
コンセプト/イメージ	3（8）
視覚的要素	1（3）
プロセス	1（2）
国際ブランド戦略	9（23）
全体	6（15）
イメージ	2（5）
アーキテクチャ	1（3）
ブランドのグローバル性とローカル性知覚	5（13）
国際ブランド商標侵害と保護	3（8）
国際ブランド・エクイティ測定	2（5）
その他（各1部）	6（15）
国際広告代理店の使用	
国際ブランドリサーチの問題	
グローバル・ブランディングにおけるテクノロジーのインパクト	
国際ブランディングの問題	
グローバル・ブランドの話題性	
企業ブランドの国際ブランディングの問題	
合　計	40（100）

注）ジャーナルの出所は以下の通りである。
　　Marketing Journalsからは4本，内訳は，Journal of Business Research（JBR）1本（3％），Journal of Marketing（JM）2本（5％），Journal of Marketing Research（JMR）1本（3％）である。
　　International Business Journalsからは18本，内訳は，International Marketing Review（IMR）6本（15％），Journal of International Business Studies（JIBS）1本（3％），Journal of International Marketing（JIM）8本（20％），Journal of World Business（JWB）3本（7％）である。
　　Advertising Journalsからは8本，内訳は，International Journal of Advertising（IJA）3本（7％），Journal of Advertising（JA）3本（7％），Journal of Advertising Research（JAR）2本（5％）である。
　　その他10本，内訳は，European Journal of Marketing（EJM）3本（7％），Harvard Business Review（HBR）6本（15％），Industrial Marketing Management（IMM）1本（3％）である。
出所）Whitelock & Fastoso, 2007, p.262

　ここで，基本価値とは，「この価値を持たなければ製品そのものが存在し得ないといった価値」[3]（和田，1997, p.59）であり，便宜価値とは，「その製品を消費するにあたって便宜性を供与する価値」[4]（和田，1997, p.59）である。これら2つの価値は，機能や性能といった製品そのものの物理的属性に関連する価値であり，企業の技術力が問われ製品力を体現する部分であるが，ブランド価値とは無縁のものである[5]（和田，1997）。すなわちこれらの価値は，製品の本質的機能を表す製品力の裏づけであり，製品の信頼性を提供するための基盤と

第3章 グローバル・ブランド研究

表3-3 グローバル・ブランドにおける標準化意思決定

	Bacardi	Adidas Torsion	Gervais Dannone	American Express	Henkel Pritt	Levi501s	Gillette	Samsonaite	Johnnnie Walker	Parker Pen	Benentton	Swatch
製品												
ポジショニング			○	○		○	○	○	○	○	○	○
ブランド・ネーム	○	○	○	○	○	○	○	○	○	○	○	○
本質的機能	○	○	○	○	○	○	○	○	○	○	○	○
成分		○				○	○	○	○		○	○
テレビ広告												
コンセプト					○	○	○	○	○	○		○
実行												
雑誌広告												
コンセプト					○			○	○	○		○
実行									○	○		
包装												
デザイン	○				○					○		○
サイズ										○		○
価格											○	○
販売促進												
PR												
販売コンセプト（流通）											○	○

出所）Riesenbeck & Freeling, 1991, p.15 に基づき，原田（2010, p.150）加筆修正

図3-2 製品価値の構造

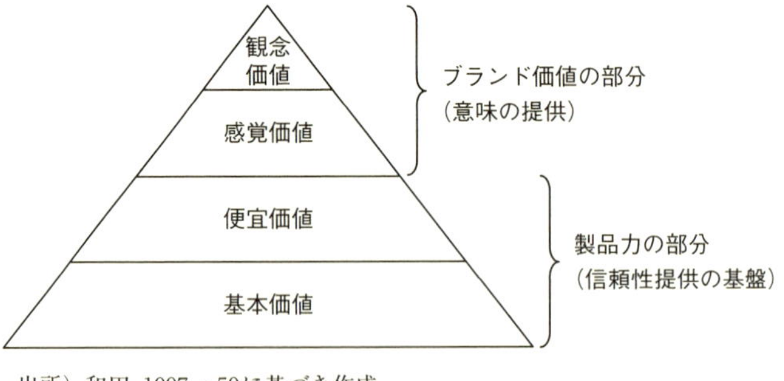

便宜価値・基本価値は製品力の部分（信頼性提供の基盤），感覚価値・観念価値はブランド価値の部分（意味の提供）を表すピラミッド図。

出所）和田, 1997, p.59に基づき作成

なる。企業の技術力が問われる部分であるがゆえに，企業によってコントロールが可能な部分である。

　あえてサプライチェーンのなかに位置づけると，これらの価値は研究開発や生産過程と密接に関連すると考えられる。Kapferer（2005）の指摘にあるように，多くの産業において（サービス産業も含めて）川上や生産過程における標

準化が依然として重要である。よって，基本価値と便宜価値からなる製品の本質的機能の標準化は規模の経済性や製造効率化を促進し，コストリーダーシップを実現するための重要な差別化の源泉となる。ところが，技術の進歩と部品のモジュール化が相まって，製品の機能や性能において既にコモディティ化が進行している。それで，消費者の感情に訴えかけられる感覚価値や観念価値に競争優位の源泉を求めなければならないようになる。

ここで，感覚価値は，「製品の魅力をロゴやパッケージ・デザインによって訴えるものであり，視覚，聴覚的に心地よく楽しく消費し得る価値」[6]（和田，1997, p.60）であり，観念価値とは，「製品に対して製品の品質や機能以外の『ストーリー』を付加するもの」[7]（和田，1997, p.60）である。真の意味でのブランド価値は製品の品質や機能を超えた付加価値にあるものであり，製品の価値構造を構成する感覚価値と観念価値のなかに存在するとされる（和田, 1997）。

したがって，グローバル・ブランドといっても，製品の本質的機能は標準化が可能であっても，製品の機能や性能に基づく差別化はかえって模倣されやすく，コモディティ化に陥りやすい状況を作り出すことになる。ここで，持続的競争優位性を獲得するために，ブランドの意味次元に焦点をあてながら差別化を図らざるを得なくなっている。ブランドにはさまざまな価値次元が存在し，かつ消費者がおかれる環境に応じてブランドから独自の意味や価値を感じ取るために，企業は競争優位性の確立に先立って，消費者がおかれる環境の特徴，さらに消費者がブランドに付与する意味や価値を適切に理解しておかなければならないのである。

2．ブランドの意味づけに関する研究

前項では国際ブランディング研究と関連性のあるジャーナルを概観したが，当該分野においても国際ブランディング研究がほとんど蓄積されていないことがわかった。また，ブランドの意味づけ部分は持続的競争優位性を形成する基盤であることも確認された。消費者行動研究分野において，ブランドの意味づけに関する研究が多く行われているため，本項では，当該分野におけるブランドの意味づけに関する研究をレビューする。

Richins（1994）によれば，ブランドの意味づけには2つの視点，すなわち，プライベートな視点とパブリックな視点が存在する。プライベートな視点とは一般大衆の見方よりも消費者自身によるブランドに対する意味付与や価値評価である。

Barron & Hollingshead（2004）とKapferer（2005）はローカル志向の重要性を示唆している。それは，統一化されたブランド戦略が実行されたとしても，消費者はそのライフステージ（Fournier, 1998），所属する社会集団（Cova et al., 2007）に違いがあれば，特定のブランドから受け取る意味も大きく異なるためである。また，消費者は国境を越えるだけでも，同じブランドに対する感覚やそのブランドから感じ取る意味も異なるとされる（Bengtsson et al., 2010）。このように，歴史や文化などの要因が絡み合って形成される市場コンテキストにおいて，まったく同様な製品ブランドであっても，違う「意味づけ」や「価値づけ」が消費者によって行われる（川端，2009）。

情報経済学の視点から見れば，不十分かつ非対称的な情報構造の下で，消費者は製品の属性などの情報をほとんど持っていない場合，ブランドを情報の集約体として製品判断に用いることが多い。Erdem et al.（2006）は，ジュースとパソコンの製品カテゴリーを取り上げ，ブラジル，インド，日本，スペイン，トルコと米国の被験者を対象に，ブランドの役割に関する調査を行った。製品ポジションのシグナルとしてのブランドの役割は各国において共通していることと，集団主義または不確実性回避傾向の強い国家では，ブランドの高品質，低リスク，低情報コストといった価値次元が評価され，ブランドの信頼性がより重要視されることが明らかにされた[8]。換言すれば，ブランドの基本的な役割の1つである保証や信頼性の提供といった価値はその重要性の程度が国によって異なることも検証がされた。

Strizhakova et al.（2008）はブランド化製品の意味づけに関して，品質，生産者価値，個人アイデンティティ（自己アイデンティティ，グループアイデンティティ，社会ステータスを含む），伝統（家族伝統と民族伝統を含む）といった価値次元を提示し，米国，ルーマニア，ウクライナとロシアの被験者データを用いて実証研究に取り組んだ。いずれの国家においても品質次元が最も重要である。そのうち，ロシアとウクライナの消費者と比較して米国とルーマニアの消

費者の方が品質をより重要視する。それは，米国では中国やトルコからの輸入品が多く，ルーマニアではブランド化されていない製品や模倣品が多いためであると考えられる（Strizhakova et al., 2008）。一方，生産者価値次元においては，ルーマニア，ウクライナ，米国，ロシアの順になっている。米国の消費者は企業のアイディアや，自己が持つまたは促進したい価値を検討する能力を有するため，生産者価値よりも個人アイデンティティと伝統を重要視する。一方，ルーマニアとウクライナの消費者は，企業ならびに自己価値のプロフィールに関する知識が不足しているため，ブランド価値と自己価値との関係性を検討するのが困難である。その結果，排他的チャネルシステムを使用し，保証や顧客サービスのサポートを提供しているブランド化製品の生産者の価値を高く知覚する（Strizhakova et al., 2008）。

Strizhakova et al.（2011）は，グローバル・ブランドの意味づけと購買における品質と自己アイデンティティの効果に関する検証を行った。発展途上国の消費者データを分析した結果では，いずれの次元も有効性が発見された。それに対して先進国の結果では，ブランド化製品の意味評価における自己アイデンティティの重要性と，ブランド購買の局面における品質の促進効果が確認された（Strizhakova et al., 2011）。

日本では，とりわけファッション関連製品に関して，高級ブランド志向の強い消費者が多いといわれる。杉本（1993）は，有名ブランド製品やその選択に関して，消費者の態度と意識を調査し，回収されたデータを因子分析にかけた結果，7つの因子が抽出された。それらは，自己表現因子（自分の好みやフィーリングが表現できる），優越性因子（イメージアップができ，優越感を得られる），反同調性因子（まわりの人が持っていないブランド品を持ちたい），話題性因子（話題になっているブランド品を持ちたい），逸脱回避因子（ブランド品を持つことで異端な人と思われにくい），不協和回避因子（ブランド品を購入すると後悔することが少ない），品質評価因子（ブランド品は品質がよく，それだけの値打ちがある）である。

さらに，因子数を変えて因子分析が行われた結果，自己表現因子，優越性因子，反同調性因子は，他者との差別化の因子，話題性因子，逸脱回避因子，不協和回避因子は，集団への同調性の因子，不協和回避因子と品質評価因子は，情

50   第3章　グローバル・ブランド研究

報処理の効率化機能につながる因子であることが明らかにされた。よって，日本人消費者の高級ブランド志向は，集団への同調性欲求と，他者との差別化欲求を同時に満たし，かつ，購買に伴うさまざまなコストを削減できることを図るものである。すなわち，日本人消費者は高級ブランドから他者との同調性，自己表現，品質信頼性といった意味を引き出しながら消費に熱狂すると考えられる。

　Van Maanen（1992）は，ディズニーランド（およびディズニー・ワールド）の意味について，アナハイム，オーランド，東京，パリを比較した。アナハイムのディズニーランドとオーランドのディズニー・ワールドは，サイズや乗り物が若干異なるものの，それらが提供する意味にはさほど違いが見られない。一方，東京ディズニーランドとパリのユーロディズニーランドは，さまざまな点で意味が異なることが示された。

　東京ディズニーランドはサイズに違いがあるものの，基本的に元祖であるアナハイムのディズニーランドを忠実に再現にしているにもかかわらず，日米の消費者がそこに見出す意味が違う。具体的にいえば，米国人消費者にとってディズニーランドは，ノスタルジア，愛国心，歴史などの文脈のなかで位置づけられる一方で，日本人にとって東京ディズニーランドにはシンボリックな価値はほとんどなく，あくまでも「アメリカの模倣」であることが指摘される。

　パリのユーロディズニーランドは東京ほど元祖のディズニーランドを模倣しているわけではない。ヨーロッパ人消費者が科学や技術に対して懐疑的であるため，ユーロディズニーランドには「トゥモローランド」が存在しない。また，アナハイムのディズニーランドではどのキャラクターも英語を話し，「アメリカ製」という印象を与えるのに対して，ユーロディズニーランドでは，白雪姫はドイツ語をしゃべり，眠れる森の美女はフランスの城に住み，ピーターパンはロンドンから飛び立つという風になっている。このような違いが出る背後には，これらの物語に対して米国人消費者とヨーロッパ人消費者が抱く意味の違いがあると堀内（2000）は指摘する。

　また，発展途上国の消費者は日本人消費者や米国人消費者とは異なるスタイルで行動する。発展途上国では，価格の情報に信頼性を欠くため，購買行動において価格－品質シグナルはそれほど用いられない。インドではブランド化さ

れていない製品が広範囲に及ぶため，ブランドは一層重要視される（Maxwell，2001）。さらに，発展途上国（e.g.，中国，トルコなど）の消費者は，米国のブランドを社会的プレステージ獲得のための手段として捉え（Batra et al.，2000），中国人消費者は高級ブランドを誇示的に消費するのである（蔡，2006）。

　所得が比較的低いものの贅沢ブランドの消費に熱狂するというのは中国や東南アジア諸国で共通して顕著に見られる消費者の行動である（Wong & Ahuvia，1998）。これらの消費者はブランドのプライベートな意味づけよりもパブリックな意味づけに強い関心を持つといえる。パブリックな意味づけとは，「社会全体という外部観察者（所有者以外）がある対象に付与する主観的な意味づけ」（Richins，1994，pp.505-506）であり，要するに，それは個人内ではなく，外部の一般大衆が知覚するブランドの意味づけである。

　あるブランドのパブリックな意味づけがブランド所有者の身分や社会的地位の表現に密接に関連するならば，そのブランドは身分表示力の強いものとして評価される。例えば，中国では「開宝馬，坐奔馳（BMWを運転する，ベンツに乗る）」という流行語がある。BMWを運転することは事業の成功を証明し，ベンツに乗ることは金持ち，企業家の地位を誇示するのである。

　消費者は身分表示力の強いブランドを用いてセルフ・イメージを構築し表現しようとする傾向が強い（Escalas & Bettman，2005）。それはこのようなブランドは消費者の自我強化や身分の表現に大いに役立つためである（Belk，1998）。当然ながらすべての製品はこのような効用を持つとは限らない。Jeff-Wang & Melanie（2006）は，身分表示力の強い製品とは次の2点を満たす製品のことであると主張している。それは，①消費者の身分表示に一般的に広く使われること，②同じ製品カテゴリーにおいて，価格が異なる製品から知覚する身分地位の表現力に顕著な差異が見られること，である。

　とりわけ中国人消費者は日々の生活において「自分自身が何をすべきか」ではなく，「他人にどう見られているか」を基準に行動する（姜，2009）。それによって，中国人消費者の行動はブランドと自分自身との内的整合性というプライベートな視点よりも，外部のパブリックの見方によって大きく左右されると考えられる。その結果，世界中の贅沢ブランドの占有や使用に熱狂するに至っており，自らの面子を誇示できる身分表示力の強いブランドに大金を惜しまな

いのである（宋，2012）。

　このようにブランドの価値は多岐にわたっており，消費者によって，各価値次元のウェイトづけに大なり小なりの差異が見られる。さらに，結果として同一価値次元に同様なウェイトが示されても，その起因は必ずしも一致するものではない。また，高級品としてポジショニングされ，世界中に展開されるブランドであっても，米国人消費者は自己アイデンティティや伝統を優先的に評価するのに対して，日本人消費者は自己表現という次元に価値を見出しながら，同調性こそが購買を促進する要因として見なされる。さらに，所得が相対的に低いにもかかわらず贅沢ブランドに熱狂する中国人消費者の消費動機は，ブランドのパブリックな意味づけを利用して自らの社会的地位を一般大衆にアピールするということにある。

　グローバル・フィールドに展開され，ブランド名や製品の本質的機能が標準化されるブランドであっても，消費者による意味づけや価値づけが異なるがゆえに，標的市場における当該ブランドが現地の消費者にいかに知覚されているか，またはブランドに対して関心の持つ意味や価値が何であるかを明確にすることは，グローバル戦略を支えるローカル戦略を成功させるのに欠かせない鍵であり，持続的競争優位の確立に直結するに違いない。

[注]
1 ）P&Gは，あらゆる製品は直ちに個々に認知されるくらいの独自性が必要であるという伝統的な販売コンセプトにしたがって，成長を遂げてきた企業である。ところが，2000年，ニューヨークにある小児糖尿病財団のスポンサーになって，販売促進用に配布されたパンフレットは光沢のある紙が使われ，見栄えのする仕上がりであった。また，このパンフレットは以前のそれとは異なり，表紙には，P&Gの主要製品20種類がはっきりと目立つように，かつ同社のイメージを象徴するように統一されて表示されていたのである。このパンフレットが表すイメージは販売戦略の明らかな変貌を示唆するものであるとされる。
2 ）世界標準化 vs. 現地適合化の議論は大石（2004）pp.22 - 34 を参考にしている。
3 ）腕時計であろうか卓上時計であろうか，時を正確に刻み表示しなければ時計ではないというように，基本価値は製品の中核機能を強調する価値である（和田，1997）。
4 ）例えば，コンパクト洗剤が発売される前の洗濯用洗剤にはパッケージに把手がついていた。これは重量のあるパッケージを持ちやすくするための工夫であり，便宜性を強調するものであるり，また，低価格も製品の入手しやすさに関連する価値である（和田，1997）。
5 ）基本価値と便宜価値しか持たない製品にはブランド価値がないと考えられるが，感覚価値や観念価値をも備えるブランドにとって，基本価値や便宜価値はブランド価値の根底にある重要な価値形成の基盤となる。

6）サントリーの「ペンギンズ・バー」というビールが例に挙げられる（和田，1997）。「ペンギンズ・バー」はビール消費者に缶ビールのパッケージ・デザインで訴求した。ビールの缶にペンギンがデザインされていることによって消費者は心地よくビールを消費できるという価値が強調される。

7）観念価値の典型例として，ビールの麒麟とたばこのマルボロ・カントリーが挙げられる（和田，1997）。麒麟という伝説的な動物はビールという製品とは完全に無関係であるにもかかわらず，中央アジアを疾走する麒麟というストーリー性がキリン・ビールという製品にすりこまれてゆくことになろう。また，荒野の夕暮れ時に馬に乗ったカウボーイがたばこを喫っているというコマーシャルのシーンは，米国の男性にとって共通のあこがれであるカウボーイというキャラクターをマルボロ購買者の自己概念にすり合わせようとしているだろう。

8）企業もブランドを通して消費者に自社製品のポジションを知らせたり，信頼性の主張を行ったりする（Erdem & Swait, 1998）。

第4章

原産国イメージ研究

　消費者行動研究において，個人は情報を手掛かりにして購買意思決定を行うと見なされる（Samiee, 1994）。消費者が外国製品を購入する際の重要な情報の手掛かりとして第1に原産国（Country of Origin）[1] イメージが挙げられる。本章では，原産国イメージの定義を述べたうえで，情報の手掛かりとしての効果を時系列に沿ってレビューする。

第1節　原産国イメージの定義

　原産国イメージの研究に関連する文献の総数は，1997年までに約300件，2005年までに700件以上にも達したといわれる（Rosenbloom & Haefner, 2009）。Reierson（1966）は先駆的に原産国イメージを次のように類型化した。それは，①全体的な国家イメージ，②総合的な製品−国家イメージ，③特定製品−国家イメージ，である。全体的な国家イメージとは，特定の国家（e.g., 日本）に対して個人が持つステレオタイプと一般的な態度である。他方，総合的な製品−国家イメージは製品カテゴリーレベル（e.g., 日本の乗用車製品カテゴリー），特定製品−国家イメージは個々の製品やブランドレベル（e.g., トヨタ）で個人が抱いている特定の原産国イメージへの態度である。

　このように，原産国イメージは態度概念として扱われ，特定の国家やその国家原産の製品やブランドに対して消費者が持つ選好傾向を示し，消費者の購買意思決定に重要な影響を及ぼしている。Reierson（1966）のこの枠組は後続研究に重大な影響を及ぼしている。というのは，その後の研究では原産国イメージに関する分類に少し修正が加えられるものの，基本的にこの枠組から逸脱しているように見受けられないためである。

第1節　原産国イメージの定義　　55

　Pappu et al.（2007）は，原産国イメージをマクロ（国家の経済的発展段階に
関連する）とミクロ（その国家で製造される製品に関連する）に大別する。マ
クロ原産国イメージに関してはMartin & Eroglu（1993）の定義，ミクロ原産国
イメージに関してはNagashima（1970）の定義がよく採用される（Pappu et al.,
2007）。マクロ原産国イメージは消費者が持つある国家の製品に対する態度と
は異なり，「特定の国家に関する記述的，推論的および情報的信念の総体であ
り，経済，政治および技術が基本的な構成次元となる」（Martin & Eroglu, 1993,
p.193）。また，ミクロ原産国イメージとは，「ある国家の製品に対して抱く全体
像，評判，ステレオタイプ」である（Nagashima, 1970, p.68）。
　マクロとミクロの両視点を取り入れる研究として，Amonini et al.（1998），
Pappu et al.（2007），李（2013）が挙げられる。マクロ原産国イメージもミク
ロ原産国イメージも製品の品質知覚に効果を与えるが，製品カテゴリーによっ
てはその影響が異なるという結果が得られた（Amonini et al., 1998; Pappu et
al., 2007）。例えば，シャツと自動車製品の調査ではマクロ原産国イメージの効
果は大きいが，テレビの場合ミクロ原産国イメージの効果がマクロ原産国イ
メージの効果を上回った。
　李（2013）は消費者が持つブランド知識の量の違いに着目し，実証研究によっ
てブランド知識の量がマクロ原産国イメージとミクロ原産国イメージに与える
影響を比較した。知識が最も低い消費者グループでは，ブランド知識はマクロ
原産国イメージにもミクロ原産国イメージにも有意な影響を及ぼさなかった。
このように，消費者が保有するブランド知識の量によって，原産国イメージに
与える影響が異なり，マクロ原産国イメージとミクロ原産国イメージは状況に
よって異なる結果を産み出すと解された。

56　第4章　原産国イメージ研究

第2節　原産国イメージ／製造国イメージに関する
　　　先行研究レビュー

1．初期の原産国イメージ研究

　1960年代において，日本製品と米国製品間の比較は盛んに行われていた（Reierson, 1966）。Schooler（1965）はいち早く原産国イメージに関わる論文を公表した学者である（Samiee, 1994; Schooler, 1971; Verlegh & Steenkamp, 1999; White & Cundiff, 1978）。同論文では，中米共同市場における同一製品が原産国の変化に応じて，その製品に対する評価（偏見または偏愛）も変化するという傾向が明らかにされ，政治的協力の失敗が経済にまで影響を及ぼすことが示された。具体的には，グアテマラの被験者を対象に，架空の原産国ラベルを用いて調査が実施された結果，グアテマラ産の製品とメキシコ産の製品はいずれもエルサルバドル産とコスタリカ産よりも高い評価を得たことがわかった。また，グアテマラ産とメキシコ産との間，コスタリカ産とエルサルバドル産との間には有意差が見られないことも確認された。

　Reierson（1966）では，一般製品，機械製品，食品，ファッション製品を取り上げ，一般製品に関しては米国，ドイツ，日本，フランス，カナダ，イタリア，イギリス，スウェーデン，ベルギー，デンマークの10カ国，機械製品，食品，ファッション製品に関しては，米国，ドイツ，日本，フランス，イタリア，イギリス，スウェーデンの7カ国を対象に，米国人消費者が外国製品に対して抱くイメージに関する調査が実施された。その結果，すべての製品カテゴリーにおいて米国の原産国イメージが最も高い評価が得られた。一方，日本，カナダ，イタリアとイギリスの原産国イメージはすべての製品カテゴリーにおいては低く評価された。

　Schooler（1971）においては，外国製品に対するスタンスに関する調査の結果，50歳以上の消費者はアフリカ，アジア，ドイツの製品を低く評価する一方，35歳以下の消費者は外国製品を高く評価することがわかった。さらに，男女別で見ると，男性に比較して女性の方が外国製品を高く評価し，とりわけ男

第2節　原産国イメージ／製造国イメージに関する先行研究レビュー　57

女間で差が開いているのは，ナイジェリア，チェコ，西ヨーロッパといった原産国であった。例外的に，チリ産の製品に関しては，女性は男性よりも低い評価をした。また，教育水準と原産国イメージの効果との関連性も検証され，大卒者はそれ以下の学歴所有者よりも，アフリカ，チェコ，東ヨーロッパ，インド，西ドイツ，西ヨーロッパの製品を高く評価する傾向が見られた。

　Nagashima（1970）は日米のビジネスマンを対象に原産国イメージ調査を実施した。当時の日本人消費者は米国の原産国イメージから，技術的な進歩，製品の独創性，高価格を連想するなど，高く評価しており，また，米国人消費者も自国製の自動車や家電製品を最も高く評価した。さらに，原産国イメージはその国家の競争優位を代表する製品カテゴリーによって形成される傾向も観察された。

　Nagashima（1977）では，日本製品に対するイメージの変化が確認された。東京のビジネスマンを対象に行われた調査の結果では，日本製品のイメージがかなり上昇していた一方，米国製品のイメージは相当下落していたことが明らかにされた。ただし，プレステージ感という評価項目においては依然として米国の製品の方が強い結果を残している。

　外国製品が米国市場へ大量流入した時代において，流通業者や小売業者に製品バイアスを軽減させるための提言を行う研究も進んでいた。例えば，Schooler & Wildt（1968）による製品バイアスの弾力性に関する研究において，国内製品に類似する外国の代替製品である場合，価格の差によってその原産国イメージに対するバイアスを相殺できることが明らかにされた。価格以外に，メディアへの露出やメディアの選択における効果の比較または評判の良い小売業者の利用（Reierson, 1967），プロモーションの方法やプレステージ感のある小売業者の選択（Schooler, 1971），保証によるバイアスの軽減（Schooler et al., 1967; Thorelli et al., 1989），ブランドの効果（Han & Terpstra, 1988; Jo, 2005; Pappu et al., 2007）といった手段も論じられていた。

　このように，1960年代半ばから1970年代にかけて，米国人消費者を中心に原産国イメージの研究は進んでいた。その成果の1つとして，米国人消費者は外国製品に対してバイアスを持つことが確認されたことが挙げられる。要するに，米国人消費者は外国製品に対して基本的に偏見を持っており，外国製の製

品よりも自国製のものを高く評価していた。また，原産国イメージによってももたらされた製品評価へのバイアスにはヒエラルキーが観察され（Lillis & Narayana, 1974; Reierson, 1966; Schooler, 1971），そのバイアスは国による程度の差がある。さらに，同一原産国であっても，製品カテゴリーや，消費者の年齢，性別，学歴によって，それに対する評価の結果も異なることは実証研究によって明らかにされた。

また，原産国イメージは情報の手掛かりとして製品の品質評価に用いられる際，特に発展途上国の製品に対するバイアスが強くなる傾向が示され（Gaedeke, 1973; Schooler, 1971），国家の経済発展水準は製品へのバイアスの程度を決定する重要な要因として挙げられた（Bilkey & Nes, 1982; Wang & Lamb, 1983）。

2．製品の属性評価における原産国イメージの効果

1980年代半ば頃まで，原産国イメージは製品の全体的な評価に有効であると主張されていた。また，消費財のみならず，産業財の購買においてもその効果が見られるといわれるほどであった（Verlegh & Steenkamp, 1999; White & Cundiff, 1978）。価格－品質関係の研究に類似するように，価格が製品の品質評価に影響を及ぼすというのは，価格が唯一の情報の手掛かりとして提示される場合である（Johansson et al., 1985）。つまり，これまでの研究は，基本的に原産国イメージを唯一の情報の手掛かりとして提示され調査を進めていたため，消費者購買意思決定への影響において，原産国イメージの効果が過大に評価されたと指摘された（Bilkey & Nes, 1982）。

製品の原産国イメージと広告を同時に提示した後，消費者に製品の評価を行わせるという多属性態度モデルを採用して原産国イメージの効果を検証すると，その効果が弱められた（Huber & McCann, 1982）。このように，与えられた情報の手掛かりや刺激の種類によって，原産国イメージの効果が変化し，その効果は相対的なものであるといえる。

原産国イメージの情報は製品の評価にだけでなく，製品の属性を判断するための概念と知識を活性化し，製品の品質を予測するための発見的なバイアスを

提供することにも役立つ（Hong & Wyer, 1989）。また，製品を構成する属性の1つとして製品判断に利用できること，製品の属性を認知しようとする欲求の強さが原産国イメージの効果に影響を及ぼすこと（Zhang, 1997）が明らかにされた。とりわけ1980年代後半頃から，特に原産国イメージの属性としての役割が注目され，多属性態度モデルのなかで原産国イメージが捉えられるようになった。代表的な研究として，Erickson et al.（1984），Han（1989），Hong & Wyer（1989），Johansson et al.（1985）などが挙げられる。

　Erickson et al.（1984）は，原産国イメージを特殊なイメージ変数として捉え，信念−態度の形成モデルを援用しながらその効果を検証し，原産国イメージは態度よりも信念形成に強い影響を及ぼすことを明らかにした。Johansson et al.（1985）はErickson et al.（1984）のモデルを発展させ，被験者の人口統計変数やブランドの親近感も分析フレームワークに組み入れ，3カ国，10モデルの自動車，13の製品属性を用いて検証を行った。Erickson et al.（1984）の結果と同様に，自動車評価における原産国イメージの効果は，製品の全体的な評価ではなく，特定の属性の評価にのみ影響を及ぼしたこと（e.g., 米国車は燃費が悪い），また，日本車に親近感を持つ人は日本車の燃費や信頼性を高く評価することが明らかにされた。

　Han（1989）の研究も，親近感の影響を検証し，ある国家の製品に対して親近感を持つようになると，原産国イメージは要約的な構成概念としてブランドの態度形成に直接的な影響を及ぼす。一方，製品に親近感を持たない場合，原産国イメージは製品の属性の推測や評価に直接的に，ブランドの態度に間接的に影響を及ぼしながら態度の形成を助長するという。

　また，ブランド知識の差異による原産国イメージの影響の仕方の違いに焦点をあてた研究として，Maheswaran（1994），Pecotich & Ward（2007）と李（2013）が挙げられる。専門家は製品属性の処理や再生に原産国イメージを用いるのに対して，初心者は製品属性の評価に原産国イメージを使用する（Maheswaran, 1994; Pecotich & Ward, 2007）。また，ブランド知識と原産国イメージとの関係に関する実証研究が行われ，ブランド知識が極めて低い場合，両者間の関係は統計的に有意ではないことが解明され，ブランド知識の重要性が強調されている（李, 2013）。

3．消費者エスノセントリズムの研究

　伝統的な米国人消費者は外国製品に劣った評価を行い，購買を避けようとするが，近年，外国の製品を自国製品の代替品として受け入れる消費者が多く見られるようになってきた（Shankarmahesh, 2006）。しかしながら，外国の製品の購買に対して依然として拒否の態度を取っている消費者も少なからず存在している。それは，外国製品の購買は失業など経済へのダメージをもたらす，非愛国的な行為であると批判されているためである（Shimp & Sharma, 1987）。こういった外国製品の購買行動への批判を受けて，1980年代後半から，愛国／自民族中心主義という要素が加わった原産国イメージ研究が台頭してきた（e.g., Brodowsky et al., 2004; Sharma et al., 1995; Shimp & Sharma, 1987）。

　消費者エスノセントリズムとは，「外国製の製品の購買に関する適切性，ひいては道徳性に関わる消費者の信念」である（Shimp & Sharma, 1987, p.280）。エスノセントリズムを持つ消費者は自国のブランド，シンボルおよび文化にプライドを持ち（Steenkamp et al., 2003），他国製品よりも自国製品を選好する傾向にある。一方，非エスノセントリズムの消費者は，製品の生産地をあまり考慮せず，製品そのもののメリットによって製品を評価する（Shimp & Sharma, 1987）。

　米国，カナダ，英国といった国では，政府，労働組合，工業団体が国産品の購買を呼びかけるようなキャンペーンを実施しているため，消費者エスノセントリズムは消費者の購買意思決定に重要な影響を及ぼす要因として注意深く取り扱う必要がある（Verlegh & Steenkamp, 1999）。高いエスノセントリズムを持っている米国人消費者は，同じ米国ブランドであっても，韓国製よりも米国製の方を好み（Han & Terpstra, 1988），日本製の日本車よりも米国製の日本車をより選好する（Brodowsky et al., 2004）。

　数多くの研究（e.g., 李, 2012; Kaynak & Kara, 2002; Klein et al., 1998; Sharma et al., 1995; Suh & Kwon, 2002; Suh & Smith, 2008）は，エスノセントリズムは外国製品の評価に負の影響を及ぼし，消費者の購買意向を減少させることを主張している。Klein et al.（1998）は，中国南京市の消費者を対象に調査を実施した結果，消費者アニモシティ[2]やエスノセントリズムは日本製品の評価

または購買意向に負の影響を及ぼすことがわかった。また，ライフスタイル（e.g., コミュニティ指向）はエスノセントリズムを強め，製品評価を低い方向へと導く（Kaynak & Kara, 2002）。集団主義的な国家（e.g., 韓国）の消費者は，比較的強いエスノセントリズムを持つといわれる（Suh & Smith, 2008）。

　一方，消費者エスノセントリズムによる負の影響が見られない研究も多数発表されている。中国大連市の消費者は外国の製品に対して開放的な態度を示し，米国製品に対する評価ではエスノセントリズムやアニモシティによる負の影響が見られなかった（Parker et al., 2011）。同様に，中国の北京，上海，広州といった地域においても消費者エスノセントリズムによる負の影響は見られなかった（李，2013）。また，インド人消費者は米国の製品を選好し（Bhardwaj et al., 2010），非現地ブランドに対する知覚はブランドの親近感によって調整されるが，エスノセントリズムからの影響を受けないことが示された（Batra et al., 2000）。

　Sharma et al.（1995）は，消費者エスノセントリズムを緩和させ，外国製品に対する態度を変容させるために，製品の必要性（e.g., 韓国消費者）と経済的な脅威（e.g., 米国消費者）を消費者に知覚させることの重要性を指摘している。また，ニュージーランドの消費者にとって，文化的類似性は消費者エスノセントリズムと外国製品への態度との関係を調整するのに有効であるという（Watson & Wright, 2000）。さらに，中国人消費者は高いエスノセントリズムを持つものの，外国ブランドの高い品質やイメージはそのエスノセントリズムの負の効果を緩和させている（Wang & Chen, 2004）。

　このように，原産国，消費者が所属する集団，国や民族の文化などによって，消費者エスノセントリズムが消費者の購買意思決定に与える影響力が変化することが確認された。また中国の南京市と大連市のように，同じ国であれ，地域が異なれば相反する結果となったこともある。文化や歴史といったそれぞれの土地が有する要因は消費者の行動に影響を及ぼすがゆえに，どの国や地域においても消費者エスノセントリズムを同じように扱ってはいけないことはいうまでもない。

4. 製造国の変化による影響

原産国イメージ研究の初期段階から1980年代半ばまで，原産国というのは基本的に単一国家を指しており，つまり，ブランド原産国と製品の製造国は同じであった。ところが，1980年代後半から，特に日本企業による米国への直接投資が激増し，海外へと生産をシフトさせつつあるなか（Johansson & Nebenzahl, 1986; Kim & Chung, 1997），これまで企業の本社所在地を原産国として扱ってきた単一国籍製品は，二国またはそれ以上の国籍を持つ多国籍製品となり，国家変数は単一次元的な概念ではなくなってきた（Chao, 1993）。1980年代後半から1990年代前半にかけて，製品の製造国の変化が消費者の行動に及ぼす影響を解明したり，企業への戦略的示唆を提供したりすることを目的とする研究は盛んに行われた。代表的な研究として，Brodowsky et al.（2004），Chao（1993），Johansson & Nebenzahl（1986），Kim & Chung（1997），Roth & Romeo（1992）が挙げられる。

Johansson & Nebenzahl（1986）はニュージャージーの北部で，製造国の変化による日本（マツダと本田）と米国（シボレーとビュイック）のブランド・イメージ評価の変化に関してインタビュー調査によって明らかにした。製造国の変化によってかえってイメージが向上したケースと（e.g., ビュイックのドイツへの移転，日本車の米国への移転[3]），同じ国家のブランドであっても，メーカーによって移転後のイメージ評価への影響の程度に差異が見られること（本田よりもマツダの方のマイナス影響はやや小さい）が発見された。

Chao（1993）も米国人消費者を対象に，組立国，設計国が製品の価格や品質の評価に及ぼす影響について検証を行った。その結果，優れた設計力を持ちながらも製造品の品質が悪いと評価される組立国の場合，その優れた設計力は製品の品質知覚を押し上げる効果が見られない。また，日本の家電製品の場合，価格は品質とは無関係にあるが，米国や台湾の製品なら，価格は製品評価の手掛かりとしては有効であることが検証された。つまり，消費者のマインドに，特定の国家ならではの優位性が明確である場合，その優位性と一致する製品カテゴリーの提供は戦略的シナジー効果を生み出すのに有利であると示唆された（Roth & Romeo, 1992）。そのような優位性から連想される国家イメージは一

種の無形資産であり，ブランド評判との相乗効果を生み出すことによって，グローバル企業に長期的な成功を収めるための差別化源泉を提供すると思われる（Kim & Chung, 1997）。

Brodowsky et al.（2004）は経営意思決定の視点から原産国[4]の重要性を説き，川上から川下までの各段階をどこの国で実施するかは，競争優位の創造につながる重要な戦略的意思決定であると主張している。また，製造国や組立国を選択する基準として，コスト優位性またはエンドユーザー市場の近接性が挙げられた（Brodowsky et al., 2004）。

このように設計国や製造国などをいかに選択し組み合わせするかが新たな戦略的優位性の獲得，さらに企業の利益の維持や向上につながるのである。トヨタが米国で販売しているカムリの大半はカリフォルニアで生産している（Brodowsky et al., 2004）。その場合，日本車が持つ強いポジショニングを発揮させながら，輸入車に抵抗感を持つ消費者への販売可能性が広げられるだろう。とりわけ，エスノセントリズムのような自民族中心的な感情を持ち，外国の製造品の購買に抵抗感のある消費者層を勝ち取るには，製造国や設計国の活用は重要な戦略的な意義を持つ。

5．製造国／原産国イメージとブランド

1980年代後半から，製造国の移転に伴うブランド資産価値の変化という問題に焦点があてられながら，ブランドとの関係における製造国イメージの効果を検証する研究が展開された。とりわけ，ブランドと製造国イメージの効果に関する比較研究が数多く行われていた。

Han & Terpstra（1988）と Tse & Gorn（1993）の研究では，ブランドよりも製造国イメージの効果が大きいと指摘された。Han & Terpstra（1988）はテレビと自動車の製品カテゴリーを取り上げ，単一国家製品と二国家製品を用いて製造国イメージとブランドとの関係について検証を行った。その結果，製品の品質評価における製造国イメージの重要性が示唆され，国家－製品間の強い関係が強調された。また，Tse & Gorn（1993）はステレオサウンド機器（日本製対インドネシア製）カテゴリーにおける消費者の使用前後の評価を比較した。

64 第4章 原産国イメージ研究

使用前に比較して，使用後の製造国イメージは情報の手掛かりとしての効果が弱められたものの統計的に有意な結果が得られた。一方，ブランドの効果は統計的に有意でなかったため，製造国イメージは消費者の製品評価に恒久的な効果を与えると主張された。

また，Okechuku（1994）は，米国，カナダ，ドイツとオランダのサンプルを用いてブランドと製造国イメージとの関係を分析した。情報の手掛かりとしては両者とも重要な役割を果たすが，購買状況においてはブランドの方の効果が目立つという。Tse & Gorn（1993）の研究ではブランドと製造国イメージとの間で交互作用が見られなかったが，Haubl & Elrod（1999）の研究では，ブランドと製造国イメージはそれぞれの主効果よりも両者間の交互作用が大きいという結果が得られたため，ブランドと製造国イメージとを一致させることの必要性が主張された。製造国イメージとブランドとの間で一致した高い信頼性を維持する製品が重要であり，生産拠点移転の慎重論が訴えられた（Thakor & Katsanis, 1997）。

このように，1990年代までの製品の評価における製造国イメージとブランドの効果に関する比較研究の結果では，ブランドよりも製造国イメージの影響が大きいことが指摘された。ところが，近年の研究は製造国イメージよりも原産国イメージに焦点をあて，ブランド消費におけるその影響に関する研究に移行しつつあるように見受けられる。

Rosenbloom & Haefner（2009）による原産国イメージとブランドの信頼性との関係に関する研究では，高関与型の耐久消費財カテゴリーにおいてグローバル・ブランドを購買する傾向が高いことが示された。それはグローバル・ブランドなら不確実性とリスクを軽減できるためである。

林（2008）は中国人消費者を対象に，国家イメージ，原産国イメージ，ブランド知覚，ブランド選好といった構成概念間の関係を実証研究によって明らかにした[5]。国家イメージはブランド知覚やブランド選好に及ぼす効果に関して，直接的なものよりも，原産国イメージを媒介させた総合効果の方が高いという結果が示された。また，化粧品と乗用車カテゴリーにおいて，日本は他の国（米国やフランスなど）に比較して国家イメージの次元における優位性を持たないものの，良いブランド知覚が形成されるため，ブランド選好に強い正の影響を

与えられると明らかにされた。

Li et al.（2011）は中国自動車企業を対象に企業ブランド信頼性，原産国イメージ知覚，自己イメージとの一致性が購買意向に及ぼす影響に関する実証研究を行った。その結果，3つの構成概念とも購買意向に統計的に有意な正の影響を及ぼし，そのうち，企業ブランド信頼性は最も強い影響を与えることが明らかにされた。

Pappu et al.（2007）によれば，多くの製品は自国以外の国に生産がシフトされているにもかかわらず，そのブランドは依然としてグローバル・ブランドとして認められる。それはそのブランドに資産価値および競争優位性という強いブランド・エクイティが維持されているためであると指摘している。同研究では，原産国イメージ（マクロとミクロ）と顧客ベース・ブランド・エクイティとの相関関係が検証された。顧客ベース・ブランド・エクイティはブランド認知，ブランド連想，知覚品質，ブランド・ロイヤルティといった指標から測定され，製品カテゴリー（テレビと自動車）によって各指標の得点に差異が見られることが明らかにされた。

チャネル選択におけるグローバル・ブランドのプレステージ感と原産国イメージの影響に関する研究も行われた。世界各国に共通するマーケティング政策の1つとして，ブランドのステータスやプレステージ感に適合するように適切な販売チャネルの選択が挙げられる。グローバル・マーケットで販売される自国製品やブランドには，しばしば母国の原産国イメージが強くつきまとっている（古川，2006）。その際，ブランドそのもののみならず，自国のイメージまで考慮に入れたチャネル選択に取り組まなければならない。

例えば，日本の化粧品大手である資生堂は収益の向上を図るため，国内外を融合した新たなブランド戦略を展開し，M&Aの積極的な推進なども含めてグローバル市場での成長を目指すことを経営改革の中軸とした[6]。国内では，資生堂は高級化粧品からシャンプーまで資生堂というブランド名をつけている。ところが，海外特にヨーロッパでは，SHISEIDOブランドは，シャネルやディオールなどと肩を並べるプレステージ・ブランドとして認知されている。

ここで，資生堂ブランドは「資生堂とは何か」が見えにくいという指摘を受けた。「資生堂ブランドとは何か」を明確にするために，資生堂はブランドを

66 第4章 原産国イメージ研究

「IN SHISEIDOブランド」と「OUT OF SHISEIDOブランド」に区別した[7]。そのうえで，チャネル別ブランド展開ないしチャネル専用ブランドを開発し，製品ブランド，施策，売り方，教育，チェーンストア契約を店舗の特性に合わせて差別化し，各小売業態の棲み分けを図った。

つまり，グローバル・ブランドとして展開されるSHISEIDOブランドは世界中の多くの消費者に，そのプレステージ感を感じさせている。高関与購買意思決定において，ブランド・イメージと国家固定観念とは強く結びついているがゆえに，両者の効果を分離して評価することは困難であろう（Samiee, 1994; Speece & Nguyen, 2005）。それは，ブランドのプレステージ感の源泉には日本という原産国イメージからの貢献も多少含まれるためである。

また，Steenkamp et al.（2003）はブランドのグローバル性知覚がブランドの購買意思決定に及ぼす影響について，米国と韓国の消費者のデータを用いて実証研究を行った。ブランドのグローバル性知覚はブランド品質知覚およびプレステージ感にプラス効果をもたらしたうえで，消費者の購買意向に積極的な影響を及ぼすという結果が得られた。言い換えれば，ブランドのグローバル性知覚は消費者の品質知覚やプレステージ感知覚に刺激を与えながら購買意欲を促進する重要な構成概念である。

1990年代に比較して2000年代以降では，製造国イメージよりも原産国イメージに，さらにグローバル・ブランドに研究が移行されつつある。また，原産国イメージよりもグローバル・ブランドの方が消費者の購買意思決定に強い影響を与えることを確認してきた。それは，グローバル・ブランドが信頼の印であり，情報の集約体として消費者の購買リスクを軽減させるのに重要な役割を果たしているためである。

6. 原産国イメージと購買意向の関係

原産国イメージは製品の評価や品質の判断に有効である（Agarwal & Sikri, 1996; Hamzaoui-Essoussi, 2010; Hui & Zhou, 2002; Iyer & Kalita, 1997; Jo, 2005; Nagashima, 1970, 1977; Samiee, 1994; Schooler, 1965;1971; Schooler & Wildt, 1968; Verlegh & Steenkamp, 1999; White & Cundiff, 1978）。その有効

性は製品の全体的な評価に言及する研究もあれば，製品の特定の属性のみに関わるものもある。

　一方，原産国イメージを購買意向と関連づけてその効果を検証する研究は少ないといわれている（Hui & Zhou, 2002）。品質評価だけでなく，購買可能性を測る購買意向との関係にまで議論を拡大させない限り，原産国イメージが消費者購買行動に及ぼす実質的な影響を測定できないとされる（Li & Dant, 1997）。Peterson & Jolibert（1995）と Verlegh & Steenkamp（1999）は，メタ分析を通して，原産国イメージは製品の品質評価および購買意向との関係を検証した。原産国イメージは製品の品質評価にも購買意向にも統計的に有意な影響を及ぼすこと，同時に，製品の品質評価に及ぼす影響に比較して，購買意向に及ぼす影響が小さかったことが明らかにされた。

　Lim & Darley（1997）は同様の見解を示しながら，過去の研究においては原産国イメージの重要性が強調され過ぎたと指摘している。また，品質や信頼性知覚そのものは製品のレベル（一般的対特殊的），製品のタイプ（産業財，消費財，あるいはミックス），製品の種類（耐久財，非耐久財，あるいはミックス）によって変化することも示された（Peterson & Jolibert, 1995）。

　Iyer & Kalita（1997）は製造国イメージ，原産国イメージ，価格が製品評価と購買意向に及ぼす影響を検証した。ブランドの知名度が低い場合，製造国イメージは原産国イメージと同様に，製品の品質や価値の評価，購買意向に重要な影響を及ぼすという結果が得られた。また，原産国イメージは製品の全体的評価に直接的な影響を及ぼすものの，購買意向には間接的な影響しか及ぼさないことも明らかにされた（Hui & Zhou, 2002）。同様に，李（2013）の研究においても，マクロ原産国イメージは日欧米の製品の購買意思決定に有意な影響を及ぼさないという結果が得られた。また，Li et al.（2011）によるブランド信頼性と原産国イメージが購買意向に及ぼす影響に関する実証研究では，原産国イメージよりもブランドの信頼性の方が購買意向に強い影響を与えることが明らかにされた。とはいえ，原産国イメージの購買意向や消費者の行動への効果を否定するのは時期尚早であることも強調されている（Hui & Zhou, 2002; 李, 2013）。

68   第4章　原産国イメージ研究

7．小結

　これまで見てきたように，原産国イメージの効果は提示される状況や文脈に応じて変化する。原産国イメージに関する研究は膨大な数にのぼっているものの，そのほとんどは製品評価や品質判断の有効性の確認に集中している。ところが，原産国イメージは製品の品質評価において顕著な効果が現れたとしても，それが購買意向に結びつかなければ，情報の手掛かりとしての存在意義も弱まってしまうと考えられる。つまり，情報の手掛かりとしての有効性を測定するには，製品評価や品質判断よりも購買意向と関連づけたうえでの議論が有効でありかつ肝要である。

　また，原産国イメージに対する評価に影響を及ぼす要因には，消費者が持つブランド知識と国家の経済発展水準があることは特筆すべきである。消費者の購買意思決定プロセスにおいて，特に製品やブランドの知識が乏しい国際的消費者の場合，原産国イメージは最初のかつ最重要な情報の手掛かりとして利用されることが多かろう。ところが，ブランド知識が極端に少ない場合，かえって原産国イメージの効果が現れないこともある（李，2013）。このように，消費者が保有しているブランド知識が原産国イメージの影響の与え方を大きく左右しているといえる。

　グローバル・ブランドの台頭に伴い，先進国の原産国イメージの効果が薄れつつあるように見受けられる。さらに，新興国の急成長によってもたらされる経済発展水準の向上に伴い，新興国の原産国イメージも次第に上昇していくと考えられる。こうしたなか，原産国イメージが消費者の購買行動に及ぼす影響は，先進国と新興国との間でその差が縮小しつつあると思われる。よって，先進国と新興国とを比較する文脈における原産国イメージとグローバル・ブランドとの関係を新たに問い直すことが求められている。

[注]
1) Samiee（1994）は，本社所在国やブランドの原産国を "Country of Origin"，製品の生産または組立国を "Country of Manufacture" としている。ところが，多くの研究は製品の生産または組立国も "Country of Origin" としている。なお，本研究では，原産国はブランドの発祥地とする。
2) 消費者アニモシティとは，「過去または進行中の軍事的，政治的あるいは経済的事柄に関連する反

感の残物」である（Klein et al., 1998, p.90）。消費者エスノセントリズムは国内製品と外国製品の選択に関連する問題であるが，消費者アニモシティは外国製品を購買する際に連想される反感に関連するものであるとされる（Klein, 2002）。

3）雇用を支援することを訴求して，米国人消費者のエスノセントリズムを希薄化させることと地理的な近接は，米国で直接投資を行うメリットとされる（Kim & Chung, 1997）。

4）ここでいう原産国はブランド原産国，製造国，組立国，設計国などすべて含んでいる。

5）林（2008）は多国籍企業学会西部部会2008年4月例会にて配布された林廣茂氏の報告資料に基づく。

6）資生堂の事例については陶山（2000）pp.154-157を参照にしている。

7）「IN SHISEIDOブランド」には，カウンセリング・ブランドの「コスメティック」，量販店，コンビニエンスストアで販売される低価格化粧品などの「コスメニティ」や「ファイン・トイレタリー」といわれる石鹸，ヘアケア製品，オーラルケア製品などが含まれる。一方，イプサ，アユーラなど「OUT OF SHISEIDOブランド」は資生堂の名前を出さず，企画から製造，販売まで別会社化して特定の顧客層に適した体制を自由に組み，流通チャネルも既存の小売業態に必ずしもとらわれないブランドである。

第5章

中国社会における面子の研究

第1節　中国社会と面子

1．本土化研究における「人情」と「面子」

　中国社会論や行動学における「本土化研究」[1]は，1970年代末から1980年代にかけて台湾，香港から始まり，その後中国大陸を巻き込む形で進められてきた（李，2010；翟，2013）。「本土化研究」[2]が台頭する契機は，とりわけ心理学分野での経験に基づいた研究において，中国の研究者が西洋の関連理論を援用するという研究スタイルへの反省であった（楊，2008；翟，2013）。

　「本土化研究」に大きな影響を及ぼした台湾の心理学者である楊国枢氏は，本土化の基準として本土適合性を唱えている（楊，1997）。ここでの本土適合性とは，「研究活動や研究成果が研究対象の心理と行為および生態，経済，社会，文化，歴史的脈絡と密接あるいは高度に適合や調和する状態」（p.87）を指す。また，本土適合性の視点を取り入れていない研究は研究対象の心理と行動および脈絡を適切に検討することができないと指摘される。

　代表的な本土化概念として「人情」，「面子」，「関係」，「報」といった社会文化的な概念が挙げられるが，とりわけ「人情」と「面子」は中国人の社会行為の核心をなすと主張される（黄，1988＝2010；翟，2011）。李（2010）によれば，中国社会においては「人情」が経済的交換を含む社会的交換，さらにそれを含む広義のコミュニケーションのメディアとして重要な意味を持つ。中国人は「人情」を道理のうえに位置づけ，「常情」を崇拝する傾向があるとLin（1935）は指摘している。

　黄（1988＝2010）[3]は「人情」を，状況における個人の情緒的反応（同情心），

社会的交換における交換資源，相互交流の仕方に関する規範の３つに分類した。そのなかの相互交流の規範は「人情法則」として概念化され，それをもとに「人情－面子理論モデル」が構築された。この相互交流の規範としての「人情」には２つのタイプの社会行為が含まれるとされる。具体的には，平素において，個人がプレゼント交換や相互訪問などを通して，関係ネットワーク内の人々と常にコンタクトし良好な人間関係を保つこと，および関係ネットワーク内の人が病や困窮または生活上重大な難関に遭遇した時，同情を寄せ援助するといった社会的行為である。ここで，恩恵を受け取った人は必ず返礼しなければならないという「報」の原理が働く。このような施恵－返報原理に支えられる形で好意が示されることが「人情法則」である（黄，1988＝2010）。

　同様に，金（1988＝2012）は「人情」を人間関係ないし付き合い方として捉え，そのルーツを儒家の社会理論に求めた。儒家の社会理論は，仲睦まじい社会秩序の構築を中心に据える。そこでは，人間関係が人間間の情誼関係として捉えられ，個々の情誼関係の形成によって積み上げられる関係は仲睦まじい社会秩序の実現を導くと認識される。また，その関係構築のプロセスにおいては社会的交換行為が強調され（金，1988＝2012），この行為は「人情法則」によって成り立っているとされる（黄，1988＝2010）。

　翟（2013）は「人情交換」を，困難に直面する相手を援助すること，目的をもって相手に施しをすること，一般的な付き合いとしての贈答，に分類した。そのうえで，とりわけ目的をもって相手に施しをする（「人情投資」という行為であり，相手に「人情債」を作らせ，後日自分の要求に応えさせること）という「人情交換」により，相手が握っている権力を自分のために行使させるようにするという権力の再生産が行われるという。よって，「人情法則」の下で進行される社会的交換は「人情交換」とも言い換えられる。この「人情交換」は感情的な要素を考慮に入れ（楊＆彭，2008），決済を伴わないことを前提とするがゆえに，相互信頼ないし信用関係の形成においては重要な意味を持つ（黄，1988＝2010）。

　もう１つ重要な「本土化」概念は「面子」である。「面子」は「人情」と密接な関連を持ち，場合によって互換できる概念である。いち早く面子を定義づけした Hu（1944）によれば，面子には「臉」と「面」の意味合いがあり，「臉」とは「社

会集団が道徳良好な個人に対して払う尊敬」(p.45) であり,「面」とは「成功や見栄によって個人が社会という外的環境から得られる評判や名声」(p.45) である。「人情」とは異なり,「面子」はシェアし合えるような拡散型資源である (翟, 2013)。というのは,「面子」は「面子」が立つ本人のみならず,家族や同郷人などにまで恩恵に与らせることができるのである。中国社会における「面子」は社会関係ネットワークを拡大させる架け橋のような重要な役割を果たす。

 関係社会といわれる中国社会においては,社会関係ネットワークは物事の成否を決定する重要な条件である。費 (1947=2004) は中国の儒家の倫理に基づき「差序格局」(序列と格差のモデル)[4] という概念を提起し,中国社会における伝統的な社会関係ネットワークを説明した[5]。費 (1947=2004) によれば,中国の社会は,異なる「己」を中心として同心円状[6]に広がる無数の個人関係ネットワークによって構造化される。この「己」は西洋の個人主義ではなく,すべての価値が己を中心とする自我主義として規定される。この個人関係ネットワークには主に父系の血縁関係と地縁関係といった社会関係が含まれ,ネットワークが及ぶ範囲[7]は固定的なものではなく,中心となる「己」の権勢の相違によって伸縮し,また円心からの距離(半径の長さ)は地縁の遠近と親疎によって規定される。

 関係社会において「人情」が重要な媒介要素となる。個人関係ネットワークは仲間同士の「人情」の貸し借りによって結ばれており,誰もが「人情」を施すことによって相手に「人情債」を作らせようとし,もらった「人情」を多めにして返すことによって人間関係が持続される(費, 1947=2004)。ここで,「決済」,「清算」といった言葉は交際を断つことを意味し,それは,「人情」の貸し借りがなければ互いに付き合う必要もなくなってしまうと考えられるからである。

 文化大革命後,「関係戸」という言葉が流行っていたことから,喬 (1988=2012) は「人民日報」を媒体にいち早く「関係」を学問として取り上げた。当時,結婚,出産,育児,入学,戸籍,都市への帰還,職業,出国,食事,買い物,住居,診療,交通,娯楽など,ありとあらゆる生活が「関係」資源によって営まれていた。また,「関係」の特徴として,自我中心的であること,動態的であること(近親のような固定的なものではなく,現実的な目的をもって頻繁な付き合いによって更新されるものである),そして社会関係ネットワークが形成され

ることが挙げられた。喬（1988＝2012）が挙げた「関係」の特徴は費（1947＝2004）の議論とほぼ一致すると考えられるが，地縁（近親）を超えてより広い範囲で「関係」を求めるという点においては相違が見られる。この点は現代中国社会における人間関係のネットワークの特徴を表している。

　これまでの議論を踏まえながら，「人情交換」，社会関係ネットワークの形成，さらには権力の再生産における「面子」の重要性を整理する。前述したように，「人情交換」とは意図的に相手に施しをするという実質的交換を伴うことである。このような交換は有形や無形の社会的資源の交換を通して実施され，当事者間における直接的，個別的な関係が構築・維持されるため，「人情」関係には排斥性や閉鎖性を伴う。

　ところが，「面子」は社会的交換プロセスで生まれたものであるために，社会的交換における交換資源としての性質を持っている（李，1998）。さらに，面子は当事者以外の人々にも恩恵に与らせることができるため，とりわけ中国社会における社会関係ネットワークを拡大させるには極めて重要である。この場合「面子」の貸し借りがしばしば登場する[8]。「人情」関係のネットワークにおいて，「人情」と「面子」とは互換できるため，施恵者の「面子」の大きさは施しを行う頻度やその質によって決まる。

　説明の便宜上，施恵者，受恵者，第三者を仮定する。第三者は施恵者と関係を持たない場合，施恵者経由で受恵者と関係を持たせることができないが，施恵者は第三者が同郷人関係である場合，施恵者を経由して受恵者と関係を持たせることが可能となる。それは，受恵者は第三者と「人情」関係を持たないものの，施恵者に「面子」を貸す必要がある（施恵者から面子借りの依頼を受ける状況も考えられる）ためである。受恵者と第三者の関係は施恵者と受恵者間の「面子」の貸し借りによって結ばれる。このように，施恵者が架け橋となって受恵者と第三者を結びつけることによって，程度の差はあるが，第三者も受恵者が握っている権力を自分のために行使させるという権力の再生産を行うことができる。このように，「関係」を極めて重視する中国社会において，「面子」は「関係」と「関係」を結びつける重要な紐帯であり，社会関係ネットワークを拡大させ，必要な社会的交換を可能に持っていくための社会的資源となっている。

2. 面子の文化的基盤

前述したように，面子は重要な本土化概念の１つである。とりわけ，ほとんどの物事が「関係」によって遂行される「関係」社会において，面子は社会関係ネットワークを構築し，維持し，さらには拡大させるための重要な鍵となる。よって，中国人や中国人の行動を適切に理解することに先立って，中国人の面子を的確に理解しておかなければならない。本項では，面子の文化的ルーツについて概観する。

面子という価値観が形成される背景を考えるには春秋戦国時期に遡る必要がある。面子は春秋時期の儒家思想によって規定され形成されたものとされる（翟，2011）。儒家の中心的思想は「仁」と「礼」であり，両者とも道徳的観念として位置づけられているが，「仁」は人間の内面を誘導し，「礼」は人間の外的行動を規制するものである。そのうち，中国人の面子を理解するには，とりわけ「礼」を抜きには語ることができないと指摘される（Cheng, 1986; 金，1988＝2012; Mao, 1994; 朱，1988＝2012）。それは，人間の内面にあるものを容易に観察することができないという面があることからして，特に儒家の厳格な道徳の教えのもとで，人々は往々にして外的行動を表す「礼」に中心を傾けることになる。

この「礼」は人々が付き合う際の種々の制約を規定し，社会秩序を維持するための生活と行動の規範となる（朱，1988＝2012）。互いに礼を遵守することにより，争い事をなくし，秩序のある階層性社会へと導くことが儒家の理想である（Mao, 1994）。その階層性は個人の身分を特定したうえで形成される人間同士の尊卑関係によって規定される。人間同士の尊卑関係に基づく行動様式はいわゆる「礼儀」であり，言い換えれば面子そのものである（朱，1988＝2012）。礼儀正しく振る舞う人は道徳のある人として評価され，その道徳は後述する面子の一側面の「臉」を測定する指標である。

「礼」にこだわる中国人の行動様式は，当時の西洋人から見れば，あくまでも形式的で，あたかも滑稽劇を演じるようなものである（Holcombe, 1895; Smith, 1894）。魯（1934＝1991）は中国人，特に上層階級が体裁にこだわる現象を面子主義と呼び，その面子主義はあくまでも虚偽的な道徳観であると批判してい

る。したがって，本来ならば道徳のある人は面子が立つと評価されるが，儒家の厳格な教えのもとで，実質的な道徳を養成するということよりも礼儀正しく振る舞うという礼儀作法にだけこだわるという方向へと進み，その結果，形式主義が生み出された。

　森（1988）によると，中国では秦の始皇帝以来，文人によって統制されていたため，文人特有の名誉観念である面子の意識が発達している。儒家は武を卑しむ傾向があったため，武士の名誉心よりはむしろ世間に名声を得ることを重んじたという。ところが，西ヨーロッパの騎士の名誉や日本の武士の義理は世間的な評判（fame）ではなく，個人の尊厳（dignity）[9]を中核としていた（森，1988）。また，副田（1993）は，名誉を大名誉と小名誉に区別し，大名誉は武士が命をかけて守る義理であり，小名誉は命をかけて守るほどではなく，日常生活の中で保てればよいし，失えば辛いものであるとした。そして近代以降の武士階級の消失に伴い，大名誉は衰退し小名誉は日常生活に根差すようになったと説明している。

　翟（2011）は名誉を「個人（あるいは社会集団）が，社会が提唱する積極的な目標の実現に向かって行動し，その行動が評価されることによって得られる社会的賞誉のこと」（p.93）と定義している。よって，名誉は特定の目標を実現させるために取られる行動に伴う，実質性を持つものである。ところが，中国人の面子には形式的なものも含まれるため，騎士の名誉または武士の義理は，特殊な面子といえるものであり，社会のエリートが提唱する面子（Ho, 1976）として位置づけられる。したがって，中国人の面子と「名誉」と混同して議論するというのは大きな誤りである（Lin, 1935）。面子は名誉や尊厳よりも広い意味合いを持つ概念である（Ho, 1976）。

　さらに，内山（1979）は日本と中国の面子の概念の違いについて，日本の面子は実利や実益から離れたところに意義があるのに対して，中国の面子は実利実益を伴う場合のみ意義があると述べている。前項の面子と関係の議論では，面子は社会関係ネットワークを拡大させるために重要な役割を果たす社会的資源であることを示した。これは，面子によって拡大された社会関係ネットワークは，他者が握っている権力を自分のために行使させるという権力の再生産をより実現しやすくすることができることを意味している。中国社会において，

76 第5章 中国社会における面子の研究

このような権力の再生産はあらゆる物事の遂行の成否を左右していることから考えると，面子には大きな実利や実益を伴う場合があるといえる。ところが，面子は世間に名声を求めることによって得られる結果でもあるように，後に詳述するが，面子を獲得すること自体に意義が見出される場合もある。

面子は中国特有の文化ではなく（Ho, 1976），人類全員が持つ普遍的観念である（Wong & Ahuvia, 1998）。ところが，儒家の厳格な教えという中国が特有する文化背景のなかで形成され発展されてきたため，とりわけ面子にこだわるという文化的特質が著しく突出してしまう結果となった。儒家の思想に強く影響を受けてきた面子は，共産党政権以前の中国社会では非常に重要視されていた。今日においても，社会的批判を浴びながら依然進行している「面子工程」[10]や「面子消費」に見られるように，面子の重要視は社会の常識となっているといっても過言ではない（李，2005）。

3．古典的な面子の議論

面子は古くて長い歴史を持ち，中国人の日常行動を規定する重要な概念である。この概念はおよそ紀元前14世紀頃に甲骨文字に記載され，「地位」や「名誉」を意味していたといわれる（宋，2012）。面子を表す言葉として「面」，「面目」，「顔」などが相当古い時代から使われ，今は共通語では文語となっているもの（李，1998），後晋頃から使われるようになったとされる「面子」，さらに元の時代から主に北方で使われるようになったとされる「臉」（朱，2012）がある。歴史上最古の面子にこだわる事例として，項羽が烏江で自害した事件が挙げられる（項羽は垓下の戦いで劉邦の軍に敗れ，江東の父兄に合わせる顔がないと考え，烏江を渡らず自害して果てた）。

いち早く異文化として中国的な面子を意識したのは英国の宣教師Medhurstである。彼は，1872年に刊行された著書 "The Foreigner in Far Cathay" のなかで，中国人が名誉（honor）を重視することを強調し，特に，ブーイングや揶揄される時にそれがより敏感になると指摘した。Medhurstは「名誉」[11]という言葉を使用しているが，「名誉」をめぐって展開される議論は実質的に面子を指していると思われる（翟，2011）。真正面から中国人の面子を捉え，かつ分かり

やすい表現で西洋人に紹介したのは米国の宣教師Smithである。1894年に刊行された著書 "Chinese Characteristics" で，彼は「面子の保全」を中国人の最も特徴的な性格として位置づけている。彼によれば，面子は極めて複雑な意味合いを有し，西洋人が自らの聡明や才能を活用しても説明や理解ができるものではないと述べている。さらに，面子は「演劇性」という要素を帯びるが，西洋人はそれを無視して事実の究明だけに夢中になってしまったあげく，面子の意味合いをより訳がわからないものにしてしまうとも指摘している。この「演劇性」[12] を帯びる中国人の日常行動はあたかも芝居を演じるようなものであり，外国人に滑稽という印象を強く与えた（Russell, 1922; Smith, 1894）。

さらに，米国の宣教師兼外交官であるHolcombeは，1895年に刊行された "The Real Chinaman" において，中国人の面子について透徹した分析を行った。彼によれば，中国人にとって，礼儀は道徳よりも重要であり，御者，物乞い，田舎者，都会の金持ちの息子を含むすべての人々は僭越な言動なしに礼儀正しく振る舞うように日々実践しているという。仮に礼儀をわきまえないと責められると，中国人は直ちに顔を赤らめ首に青筋を立てて言い争うことになるという鋭い指摘もあった。

これらの西洋人の著作から強い影響を受け，当時中国国内においても，学者や知識人らによって面子に関する議論が巻き起こった。代表的な例として，文豪の魯迅や文学者，言語学者である林語堂（Lin）が挙げられる。魯（1923＝2006, 1934＝1991）は，面子は中国社会の「精神綱領」のような働きをし，命の次に重要なものとして捉えられているという[13]。Lin（1935）は，面子，運命，恩恵が中国社会を統制する三大女神であり，とりわけ面子は中国人の人間関係の円滑化を図るための最も精緻な基準であり，運命や憲法よりも重要性されるものであるとする。

にもかかわらず，面子の意味合いは複雑であり（Smith, 1894），その中身が捉えにくい（魯，1934＝1991）とされる。江（2004），Lin（1935），魯（1934＝1991），Smith（1894），翟（2011）らの見解から面子概念の複雑さが読み取れる。江（2004）やSmith（1894）によれば，中国人の面子には規則やルールがなく，ある特定の人間，特定の事件に沿って具体的に考えていくことが重要であり，1つの物差しですべてを測ることができない。同様に，翟（2011）も，当事者，

その場にいる人，その時の文脈や状況に応じて面子が保たれたかどうかが判断されるため，面子には基準があるようでないという見解を示した。面子は無形的，抽象的であるため（Lin, 1935），聞けばすぐわかりそうであるが，それが一体何かについて具体的に考えようとすると直に訳がわからなくなる（魯，1934＝1991）。その結果，面子は中国人の社会心理の最も微妙なところに到達するものであるにもかかわらず，言葉による定義が不可能であるとされる（Lin, 1935）。

このように，1930年代までに，面子に関する議論は西洋人の宣教師をはじめ，作家，文学者または思想家，哲学者といったいわゆる知識人を中心に推し進められてきた。これらの議論を通して面子の重要性や意味合いに関する直観的な理解が促進された。ところが，面子に対する認識は基本的に経験的な感覚にとどまり，特に西洋人の指摘に強く影響されたため当時の中国社会を皮肉的に批判する議論が多かった（翟，2011）。一方，面子の概念および影響メカニズムについてはほとんど言及されていなかった。

4．学術分野における面子の定義

社会科学分野においていち早く面子の概念を導入したのは，米国留学中であった中国人人類学者の胡先縉（Hu）である。Hu（1944）を皮切りに，主に人類学，社会学と社会心理学分野において大量の研究が展開されてきた。代表的な研究として，人類学ではHu（1944），社会学では金（1988＝2012），社会心理学ではHo（1976），翟（2011）が挙げられる。

Hu（1944）は「分離説」，すなわち面子を「臉」と「面」に分けて論じている。ここで，「臉」とは社会集団が道徳良好な個人に対して払う尊敬（respect）であり，これはすべての人に共通する基本的なものであり，一度失ったら取り返せないものである（Hu, 1944, p.45）。いかなる社会でも成長する個人は誠実かつ正直な「臉」を持ちうるとされ，この「臉」は道徳遵守に関する社会的拘束力だけではなく，内面化された自己抑止力でもある（Hu, 1944）。それに対して，「面」とは成功（success）や見栄（ostentation）によって個人が社会という外的環境から得られる評判や名声であり，損失したら取り返せる場合も取り返せな

い場合もあるという（Hu, 1944, p.45）。つまり，「面」には，実質的な成功によって獲得される価値と見せびらかすことによって獲得される価値が含まれる。同時に，「臉」と異なり，「面」は増減できるという性質が強調される。「臉」の道徳性，「面」の社会性，成功性を唱えたHuの研究は大いに注目を浴び，それ以降の多くの研究によって受け入れられてきた。一方で，「臉」と「面」を区分する基準の適切性に関する疑問も呈せられてきた。

　金（1988＝2012）はHu（1944）と同様に面子の「分離説」を提唱したが，「臉」と「面」による分類よりも，面子の「道徳性」と「社会性」によって分類する方が適切であると主張している。なぜならば，中国の南部，例えば広東語や客家語では「臉」という言葉が使用されておらず，「面」という言葉には「臉」の意味合いも含まれるからである（金, 1988＝2012）。面子の道徳性とは「道徳的品質」を意味し（金, 1988＝2012, p.54），それはHuの「臉」とほぼ同義である。他方，面子の社会性とは，「面子は社会が個人に付与するもの」を指す（金, 1988＝2012, p.54）。また，個人は自分の行為を通して自らの成就が確実なものであることを証明できない限り，面子は社会に回収されることになるとされる。よって，金はHuと違い，面子の実質性を強調している。他方，面子が増減可能という点においてはHuと同様の見解が示された。すなわち，面子は数量化できる概念であり，勝ち取ることによって増加させ，または失うことによって減少させることができるという。

　また，どのように面子を維持し，特にどのように面子の喪失を回避するかといったことは，世を渡り，身を処するために最も重要な課題として位置づけられ，面子の問題に巧妙に対処するために，精緻な「面子工夫」が必要とされる。ここでの面子工夫とは，「社会交際の中で，特に対面関係における面子を維持するためのさまざまな社会的スキル」を指す（金, 1988＝2012, p.55）。その際，本人の面子だけでなく付き合う相手の面子にまで配慮する必要がある。

　「臉」は社会の構成員なら必ず備えるものであり，個人が社会に受容されない行動を取る場合に限って失うことになるため，Ho（1976）も「臉」の道徳性を主張している。一方，「面」にも道徳性が認められ，両者の意味合いは文脈に応じて変化しまたは特定の文脈においては互換が可能であるため，道徳性の有無で「臉」と「面」とを完全に区別することができないという「不分説」を唱えて

いる。また、Ho（1976）は、面子を「社会ネットワークのなかでの地位、役割と受容される行為に基づき、個人が他者に尊重と服従の言動を要求すること」（p.883）として定義している。

さらに、中国における面子研究の第一人者である翟（2011）は「連続説」を提唱した。彼によれば、「臉」は道徳的人格、「面」は社会的人格を指すが、道徳的人格が確立されてはじめて社会的人格の確立が可能になるという。ここでの「臉」とは、「ある社会集団の期待に迎合するために特定の状況に合わせて工夫し装飾したイメージ」（p.92）である。他方「面」とは、「社会において、そのイメージに関する他者の評価と自己期待との一致性を判断する心理的プロセスや結果であり、その基本目的は他人の心のなかでの序列上の地位すなわち心理的評価の獲得または維持」（p.93）である。

Hu（1944）の定義に見られるように、本来ならば道徳性は個人が社会の道徳的規範に従おうとする廉恥心に関わる人間の内面にある自己教養を表す。実際のところ、その内的自己教養は礼儀作法を通して表出されるため、多くの場合、その道徳的自己教養を培うことよりも礼儀作法の教育に重きがおかれてきた。その結果、道徳的教養を伴わない礼儀作法は煩わしい虚礼にすぎず、芝居を演じるような形式的なものとして西洋人に受け止められた。

一方、翟（2011）は自ら提唱する「連続説」を図5-1に表す理想型として説明し、実際の社会活動では形式型の方が一般的であると訴えている。「面子にこだわるが臉は顧みない」というフレーズに表れるように、面子を重視する人は必ずしも道徳があるとは限らない（陳、1988＝2012）。外に表出されるイメージは「特定の社会集団の期待に迎合するために装飾されたもの」であるとし

図5-1　中国人の臉面の変異

出所）翟（2011），p.101の図6-2、p.180の図10-2に基づき作成

て，翟（2011）はHolcombe（1895）やSmith（1894）と同様に，「臉」の形式主義
を強調している。

　したがって，「臉」と「面」という言葉による面子の区分に関しては異議が唱
えられているが，「道徳性」と「社会性」を併せ持つという意味の二重性に関し
ては共通認識となっている。分析の視点に関しては，とりわけ面子は生理的な
ものではなく，人間の心理に働きかける概念であり（Lin, 1935; Smith, 1894），
一種の心理的満足である（姜，2009; 翟，2011）がゆえに，翟（2011）で提唱さ
れているように，面子を心理学の視点から捉えなければならない。ところが，
Huの定義ではその心理学の視点が欠けている。つまり，面子は世間に対する
体裁そのものではなく，体裁ぶる結果を評価しそこから得られる心理的満足こ
そが面子の本質を表している。

５．面子の構成次元

（１）他者の面子と自己の面子

　面子に関心を示す社会では，社会構成員は相互制約しながら社会規範に従う
ようにという圧力に直面する。また，他人がどのように感じ取るか，他人がど
のように反応するかといった他者の知覚や反応に対して敏感に反応するという
他者志向性（other-directedness）が突出する（Ho, 1994）。ただし，他者志向性
は東西文化圏で異なる意味や価値を有するといわれる。すなわち，アジア文化
圏では，面子の喪失を回避すること（面子の挽回）に対して最も強い関心を示
す一方で（Ho, 1994），Riesman（1950）によれば，米国社会では賛同，承認や声
望を求めること（面子の獲得）に中心がおかれる。米国社会において，面子の
獲得を追求することは錯綜複雑な社会ゲームではあるが，行為者はそのゲーム
遊びを放棄することができる。しかし，アジア文化圏とりわけ中国社会におい
て，面子を守ること，その喪失を回避することおよび失った面子を挽回するこ
とは社会機能を有効に発揮させるために存在する根本的なものであり（Ho,
1994），放棄するとかえって相応の代価を払わせられる状況に陥る（翟，2011）。

　Ting-Toomey（1988）は面子操作（face work）を概念化する際に，他者の面
子と自己の面子といった面子の２つの構成要素を提唱した。また，Ting-

82　第5章　中国社会における面子の研究

Toomey et al.（1991）の実証研究では次のような結果が得られた。個人主義の国家（米国）に比較して，集団主義の国家（日本を除く中国，韓国，台湾）の方が自己の面子よりも他者の面子を維持しようとする傾向が強く見受けられる。一方，日本は統計的に有意な結果が得られなかった。それは日本人は他のアジアの三カ国の人々に比べて自己の面子ニーズを主張するためであると示唆された。また，自己の面子を維持するニーズにおいて米国は最も強い結果を得た。

　Li & Su（2007）は面子消費の特徴として，義務としての消費，差別化手段としての消費および他者志向の消費を挙げたが，義務としての消費と他者志向の消費とは表裏の関係にあると考えられる。中国社会において面子を維持するあるいは挽回するために，個人は自ら所属する集団の消費を模倣せざるを得なく，そうしないと個人が集団のなかで自分の面子を失うだけではなく，他の集団の前での所属集団の面子もつぶすことにつながるという義務としての消費が必要である。高級感のあるギフト選択や各種の宴会での浪費はその典型例である。そのため，中国人の面子は自分のためのもののみならず，他者の面子にまで配慮せざるを得ないという他者志向性を併せ持つのである。それは，中国社会の面子が同族意識や大家族観から生まれたものであり，一個人ばかりでなく，その同族，家族にまで関わるためである（孔，1988; 翟，2011）。したがって，中国人が自己の面子を守る目的は他者の面子をつぶさないことにあり，自己の面子は他者の面子に包括されると考えられる。

（2）積極的な面子と消極的な面子

　「ポライトネス理論」を提唱した米国の人類学者Brown & Levinson（1987）によると，面子は「すべての構成員が自分のために要求したいと願う公的な自己イメージ」（訳書，p.79）であり，次の2つの関連側面に存在するとされる。1つの側面は，「縄張り，個人の領分，邪魔されない権利，つまり，行動の自由と負担からの自由，に対する基本的要求」という消極的な面子である（訳書，p.79）。この消極的な面子は，「すべての『能力ある成人構成員』が持っている，自分の行動を他者から邪魔されたくないという欲求」（訳書，p.80）と言い換えられる。

　もう1つの側面は，「相互行為者が求める肯定的な，一貫した自己イメージ，

つまり，『人格』(personality)（重要なのは，この自己イメージが評価され，好ましく思われたいという欲求を含んでいること）」という積極的な面子である（訳書，p.79）。積極的な面子は，「すべての構成員が持っている，自分の欲求が少なくとも何人かの他者にとって好ましいものであってほしいという欲求」（Brown & Levinson, 1987，訳書，p.80）と言い換えられる。

　Brown & Levinson (1987) による面子に対する定義は，個人的な欲求や自己イメージといった個人の面子に焦点をあてている。前述のように，中国人の面子は同族意識または大家族観から生まれたものであり，その同族，家族にも関わるものである。それゆえに，中国人の面子はBrown & Levinson (1987) の定義とは異なり，自分が所属する集団の基準・規範に合わせ，期待に応じられるような公的なイメージを表している (Mao, 1994)。

　姜 (2009) は面子の消費態度を積極的な態度と消極的な態度に分類し，消費目的や社会階層との関係について実証的に解明した。ここでの積極的な態度とは，自分や自分の所属集団のために積極的に相応の消費を通して面子を獲得する消費性向であり，消極的な面子とは面子の喪失を防ぐために所属集団に照準を合わせながらやむを得ず相応の消費に取り組むということである（p.133）。実証研究の結果では，社会階層は消費態度に正の影響，消費態度は消費目的に正の影響を与えることを示した。つまり，個人の社会階層が高いほど，面子を獲得するための消費行動は積極的になり，一方，社会階層が低い場合，消極的でありながら面子を維持するための消費も前向きに行われるといったことである。

　同じ面子のために取られる行動であるが，Brown & Levinson (1987) と違って，姜 (2009) の定義は所属集団の面子により光をあてている。中国人の面子は儒家に強く影響され独自に形成されたものである。自分よりも自分が所属する集団のために面子を積極的に獲得し，面子の喪失を極力回避し，失った場合極力挽回するといった点は，西洋と異なる中国的な面子の特徴をなすと考えられる。

第2節　消費者行動分野における面子

　中国人消費者は外国の高級ブランドを社会的地位を証明する「記号」として消費する（蔡，2006）。このような消費現象は顕示消費[14]として捉えられがちであり（姜，2009；翟，2011），グローバル化される西洋スタイルの物質主義として説明しようとしている研究者もいる（Li & Su, 2007）。しかしながら，所得が比較的低い消費者も贅沢ブランドに熱狂するという消費行動の動機を説明するには，顕示消費や物質主義だけでは限界があると指摘されている（姜，2009；Wong & Ahuvia, 1998；翟，2011）。

　丁（1988）によれば，中国人が重んずる面子は貴賎に関係ない。車夫であろうが，ホームレス，田舎者，都会の金持ちの息子であろうか，すべての中国人は互いの面子を図り合いながら人間関係を維持しようとする（Holcombe, 1895）ため，面子は人間関係の円滑化を図る最も精緻な基準として扱われる（Lin, 1935）。したがって，面子は中国人消費者の高級ブランドの消費行動を説明するには比較的適切な鍵概念として位置づけられる。

　面子の研究は主に人類学，心理学，社会心理学の分野で行われてきており，消費者行動研究の分野における研究はまだ発展途上にある（Li & Su, 2007；姜，2009；宋，2012）。加えて，消費者行動研究もブランディング研究も主に欧米の消費者を対象に行われてきた（Strizhakova et al., 2008）ため，これまで形成されたまたは構築された概念や理論は，欧米消費者の行動を説明するにはより適合していることはいうまでもなかろう。ところが，中国国内において欧米の研究成果に中国人消費者のデータをあてはめ，その行動メカニズムを理解し説明しようとするマーケティング研究者が多くいる（宋，2012）。面子という文化的要素を検討せず，欧米の理論や概念だけの援用によって面子を生活目標とする人さえいる中国社会で生活する消費者の行動を説明することは不十分であろう。したがって，中国人消費者の購買行動を正確に理解し，的確に把握するために，面子概念を研究フレームワークに取り入れることが必要不可欠である。

1. 消費者行動研究における面子の研究レビュー

　Bao et al.（2003），Li & Su（2007），宋（2012）と Wong & Ahuvia（1998）は東西文化の差異に基づき，ブランド品消費における面子の影響を比較した。Wong & Ahuvia（1998）は集団主義の文化の下では，個人的ニーズよりも社会的ニーズが優先的に考慮されると指摘している。また，儒教文化に影響される人々はしばしば他者の期待に応えられるような行動を取ることによって自分と他者の面子を守ろうとし，西洋に比べて東南アジアの消費者の方が強い面子意識を持つと論じられている。それがゆえに，東南アジアの消費者は一般大衆の目に触れやすい贅沢品の所有に強い関心を持つという。

　Bao et al.（2003）は面子意識とリスク回避といった文化的要素が消費者の意思決定スタイルに及ぼす影響について検証を行った。その際，中国と米国の大学生のサンプルが採用された。面子意識とリスク回避傾向における両国間の比較に関しては，米国よりも中国のサンプルの方が強いこと，面子意識の影響力に関しては消費者のブランド志向に正の影響，価格志向に負の影響を及ぼすことが明らかにされた。また，面子意識の影響力に関して日米間を比較した結果，価格志向に関しては仮説通り中国の方が弱い結果を得た一方で，ブランド志向に関しては仮説が棄却され米国の方が強い結果となった。ブランド志向に影響する要因には，面子意識だけではなく，面子意識以外の文化的要因または制度的要因が挙げられるということが，仮説通りの結果が得られなかった理由として挙げられている。

　Li & Su（2007）によれば，個人主義の文脈における購買意思決定は基本的に個人単位で行われるため，個人の面子のみが考慮される対象となる。一方，集団主義の文脈では，面子は個人だけではなく，所属集団のものでもあるため，中国人は自らの面子のみならず，他者の面子にまで配慮せざるを得ないと述べている。学生サンプルを用いた実証研究の結果では次のようなことが明らかにされた。つまり，米国のサンプルに比較して中国のサンプルの方が，準拠集団の影響を受けやすく，ブランド化される製品を用いて面子を強調する傾向が強く，また，他者志向の消費においてはプレステージ感をより強く意識している。

　アジア人消費者は所得が相対的に低いものの贅沢ブランドに熱狂するという

86　第5章　中国社会における面子の研究

のは，面子によってもたらされた結果であると指摘される（Li & Su, 2007）。
つまり，アジア人消費者は面子に強いこだわりを持っており，面子の強化，維持または挽回を図るために，贅沢ブランドを消費するのである。面子は中国人の価値観の中核をなす。そのため，中国市場でマーケティング戦略を展開するにあたり，ブランドの知名度を向上させると同時に面子を強調できるような取り組みが望まれることが示唆され，また，価格設定におけるプレミアム価格の重要性も強調されている。

　宋（2012）は中国と米国の学生のサンプルを用いて面子知覚と購買意向との関係を比較検証した。中国のサンプルでは面子意識が強いほど面子知覚と購買意向との正の関係が強まるが，米国のサンプルではこのような結果が得られなかった。また，中国のサンプルでは面子知覚と購買意向との直接的な関係が見出されたが，米国サンプルでは主観規範を媒介させることによって，面子知覚と購買意向との間接的な関係が見出された。

　また，宋（2012）では面子知覚と製品の価格比較との関係も検証された。面子知覚は製品の価格比較とは正の関係にあり，具体的にいえば，特定の製品の価格は社会平均価格よりも高い場合，消費者は当該製品からより多くの面子を知覚できるということである。よって，特に，身分表示力が強い製品カテゴリーにおいては，高価格設定は消費者の面子知覚の強化に大いに役立つと示唆されている。

　姜（2009）は社会階層と面子消費との関係を検証した。個人の社会階層が高いほど面子意識が強くなり，消費を通して面子を獲得する行動も積極的になる。また，その消費目的は人間関係の構築や維持に中心がおかれ，比較的高水準の消費を行う傾向が見られる。一方，面子意識が弱い場合，面子を獲得するための消費活動は受動的となり，製品の実質的効用に着目しながら比較的低水準の消費を行うことになる。いずれの場合においても，面子が立つかどうかは他人の見方や評価を基準とすることが指摘されている。

2．面子，面子意識と面子知覚の関係の整理

　前項のレビューからわかるように，面子意識や面子知覚は消費者の面子消費

に決定的な影響を及ぼす鍵概念として位置づけられる。先行研究では，この三者間の直接関係について特に議論されることがなかったため，本項では，面子，面子意識と面子知覚の定義ならびに消費者行動研究の視点から三者間の関係を整理してみる。

　前項でレビューした面子の定義のなかで，最も実態に合った定義は翟（2011）であろう。なぜならば，Holcombe（1895），Smith（1894），翟（2011）の指摘にあったように，「臉」の中心価値である道徳性はあくまでも形式的なものに過ぎない。翟（2011）以外の定義では，道徳性が強調される一方，この形式的な側面についてはあまり考慮されていないように見受けられるからである。道徳は人間の外見やイメージではなく中身の重要な一側面を問うものであり，消費ではなく教養を培うことによって養成されるものであるため，消費者行動研究で面子を議論するにあたり，その道徳性を取り上げる意味が見出せないと考えられる。よって，本研究は翟（2011）の定義を参考にしながら消費者行動研究における面子の定義づけを試みる。

　翟（2011）は「臉」を「社会集団の期待に迎合するために特定の状況に合わせて工夫し装飾したイメージ」（p.92），「面」を「そのイメージに関する他者の評価と自己期待との一致性を判断する心理プロセスや結果」としている（p.93）。あらゆる場面において面子を考慮しながら行動を取るように，中国人は面子を立たせることを常に意識する。また，面子は個人のものではなく家族または所属集団のものでもある。その結果，所得が比較的低いものの面子を立たせるために，中国人は贅沢ブランド品の消費に熱狂するに至っている。換言すると，中国人にとって，贅沢ブランドは面子を獲得するために行われるイメージ装飾に非常に適切なものであるといえる。

　さらに，贅沢ブランド大国と呼ばれるがゆえに，贅沢ブランドへの認知度が高い水準にあると推測される。認知度の高い贅沢ブランドを消費することは，「他者の評価」や「自己期待」に対する評価を容易にすることができる。これまでの議論を踏まえて，消費者は社会集団の期待に迎合するように特定の製品やブランドを用いてイメージ装飾を行うことから，消費者行動研究における面子は次のように考えられる。つまり面子とは，装飾されるイメージに対して，個人が知覚する他者の評価と自己期待との一致性を判断する心理プロセスや結果

88 第5章 中国社会における面子の研究

である。その際，他者の評価は自己期待を上回る場合，面子を獲得し，維持するまたは挽回することにつながるが，逆の場合，面子を喪失するという危機に陥る。なお，この他者の評価はあくまでも個人自身の心理活動すなわち自分自身が知覚（または推測）する他者の評価である。

宋（2012）は面子知覚という概念を提起し，それを「特定の購買行動は個人や個人の所属集団に，一般大衆に認められる社会的イメージをどの程度もたらすかに関する主観的評価」(p.4) と定義している。ここの「社会的イメージ」は個人による自己アイデンティティの評価というよりも，社会大衆にどのように評価されているかに焦点があたっている。これは翟（2011）の面子についての定義における「他者の評価」と同義であると考えられる。両定義の最も大きな相違点として，イメージ装飾や工夫するためのツールが異なるという点が挙げられる。つまり，翟（2011）の定義のなかで言及されているイメージ装飾のために用いられるものは，道徳的振る舞いを含む社会活動の全般であるのに対して，宋（2012）の定義における評価の対象は基本的に購買活動に限定される。それ以外の点に関してはほぼ同様である。

Bao et al.（2003）は，面子意識を「社会活動において人々は自らの面子を強化し，維持し，またはその喪失を回避しようとする欲望（desire）」(pp.736–737) であるとする。この欲望が強いほど面子意識が強くなり，面子知覚に敏感に反応しながら面子のための諸活動が積極的になるという循環が生まれると考えられる。そのため，面子意識は面子反応の先行傾向を表し，消費者の購買プロセスの方向性を定める重要な要因であると位置づけられる。

ところが，面子意識はあくまでも一種の欲望であり，消費者の反応を直接規定するものではない。それは，面子の強化，維持または喪失の回避を実現できるかどうかは社会的イメージに対する評価の結果，すなわち得られる面子の量に関する判断というプロセスを介在させる必要があるためである。ここで，消費者購買意思決定プロセスを説明する初期の代表といえるハワード＝シェスモデルと陳（1988＝2012）をベースにしながら，面子意識と面子知覚を中心に面子の影響メカニズムの構造の解明を試みる。

図5-2はハワード＝シェスモデルである。ハワード＝シェスモデルはＳ（刺激）－Ｏ（有機体）－Ｒ（反応）モデルとも呼ばれ，刺激－反応（Ｓ－Ｒ）モデル[15]

第2節　消費者行動分野における面子　89

図5-2　ハワード＝シェスモデル

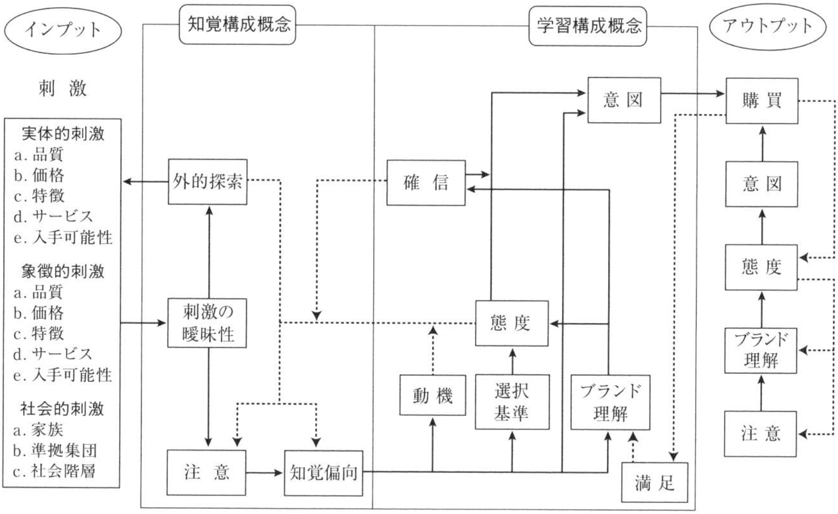

注）実線は情報の流れ，点線はフィードバック効果
出所）Howard & Sheth（1969）

では無視されていた有機体である消費者の知覚や学習といった側面の重要性を
唱え，刺激と反応の関係を知覚および学習に関連する構成概念によって説明す
る概念モデルである。インプットの刺激は，主に企業のマーケティング活動に
よるものであり，実体的刺激，象徴的刺激と社会的刺激からなる[16]。一方，ア
ウトプットとしての反応は，購買意思決定の最終的な到着点である製品ブラン
ドの購買（満足）がその主要な変数である[17]。

　また，知覚構成概念は購買意思決定に必要な情報の取得と意味づけといった
情報処理機能に関係する。他方，学習構成概念は意味づけられた情報をもとに
概念を形成し，購買意思決定を判断する機能に関係する。さらに，知覚構成概
念と学習構成概念に影響を及ぼす外生変数には，購買の重要度，文化，社会階
層，パーソナリティ特性，社会的・組織的環境，時間的圧力，財政状況の7つが
あるとされる。

　陳（1988=2012）は人格，認知と自我心理的視点から面子の基本体系を検討
した。面子システムと外的環境との関係は図5-3に示されている。面子の基

図5-3 面子の基本体系

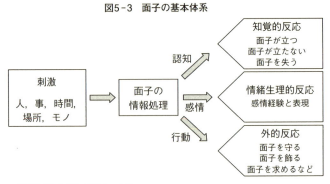

出所）陳（1988=2012）p.140

図5-4 面子の情報処理システム

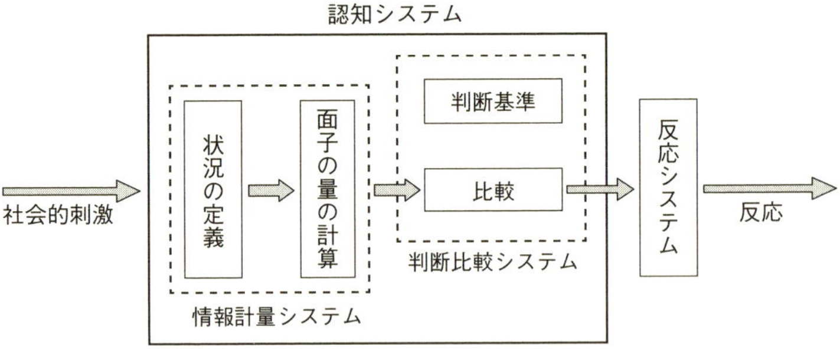

出所）陳（1988=2012）p.141

本体系は外部環境による刺激，面子の情報処理および反応といったプロセスから構成される。また，反応は認知的反応，感情的反応と行動的反応に分かれる。図5-4は面子の情報処理システムを示すものであり，主に面子の認知システムと反応システムという2つのサブシステムから構成し，さらに，面子の認知システムは情報計量システムと判断比較システムからなる。

　ハワード=シェスモデルと関連づけながら，消費者行動研究の視点に立って製品の購買行動に伴う面子の情報処理システムを概観する。消費者は能動的または受動的に社会からさまざまな刺激（社会的刺激）を受け取る。ここでいう社会的刺激は企業のマーケティング諸活動のものもさることながら，社会ネットワークのなかで生まれるすべての刺激が含まれる。

第2節 消費者行動分野における面子 91

　Greenwald & Leavitt（1984）は，消費者が環境から情報を取得し，意味づけ
を行う情報処理プロセスを次の4段階に大別している。つまり，環境の全体的
な監視を行う前注意処理，刺激の同定，カテゴリー化を行う焦点的注意，刺激
に関する意味づけを行う理解，意味的に表象された刺激と知識との関連づけを
行う精緻な推論という一連の段階である。前注意処理は，外界から情報を広範
囲にわたって素早く自動的処理するプロセスであるのに対して，焦点的注意
は，特定の刺激に注意が焦点化され，刺激の同定，カテゴリー化が行われるプ
ロセスである。人間の認知システムには情報処理容量の制限があるため，非常
に限られた刺激にだけ注意を払うとされる。また，焦点的注意は刺激特性と消
費者特性によって影響を受けるが，消費者特性においては消費者の動機づけ，
意図，好み，態度によって誘発されるという。

　四元（2011）が実施した調査の結果によると，購買に至るには「関心」が喚起
されることが最も重要であり，次いで「確信」の形成が重要である。一般的に
いえば，関心のあることに注意が向けられ，注意が向けられる物事に対して関
心が持たれる。よって「関心」と同様に，焦点的注意は実際の購買に至らせる
のに決定的な役割を果たすものである。反対に，注意が向けられない刺激は次
の段階において意味付与される可能性が極めて低いといえよう。

　面子は中国人消費者の生活のあらゆる面に影響を及ぼす概念であるがゆえ
に，消費者の購買プロセスのすべての段階において面子という刺激が貫いてい
るといっても過言ではない。よって，中国人消費者は環境から無意識にさまざ
まな刺激を受け取ると同時に面子の強化，維持，喪失の回避という面子意識を
働かせながら焦点を絞り，注意を払っていく過程が想定され，その結果，面子
を刺激する情報に目が向きやすくなると考えられる。

　情報処理プロセスのエンコーディング段階において（図5-4の状況の定義の
段階），個人は特に注意が向けられる刺激を主観的なメッセージやシンボルに
転換しながら意味づけを行う。McHugh（1968）によれば，個人は自らの経験，
反応習慣，認知能力および情緒的状態に基づいて状況的刺激を解釈する。よっ
て，面子文化が強く根づいている社会では，面子意識は刺激に対する意味付与
の方向性を指向する存在であろう。要するに，面子文化の社会において，特定
の購買行動が面子の獲得につながるかどうかは意味づけの基準をなす。その

際，メッセージやシンボルに対する消費者の確信（面子がもたらされる確信）が低く，あるいは刺激が曖昧である場合，誤解を招き，購買に至りにくい事態が生じやすくなる。

陳（1988＝2012）はこうした面子社会における刺激に対する意味付与や解釈の結果を「面子事情」と呼び，それは社会刺激と次の段階である面子の量の計算を連結するリンクとして位置づけられる。陳（1988＝2012）によれば，面子事情の量は個人にとっての主観的重要性と個人が自ら知覚する他人の評価の方向性（批判か称賛か）や強度によって計算される。前述した面子知覚の量も自己評価と自ら知覚する他人の評価からなるものであることから，面子事情の量は面子知覚の量と同様なものであると判断される。また，面子事情の量は評価対象の重要性，親近感と人数，関わりの度合い，状況と帰属要因によっても増減するという。ここで注意すべき点は2つあると考えられる。1つは，面子事情の量は固定的なものではなく，状況に応じて変化するため，ダイナミックに把握する必要がある。もう1つは，面子事情の量も意味づけの重要な一構成である。

面子事情の量の計算を経た後で面子の質の評価段階に進む。意味づけられた情報をもとに面子の獲得，維持，挽回ができるかどうかが判断されるため，学習構成段階と位置づけられる。陳（1988＝2012）は面子の質を三階層に分けて考えている。その分界点の1つは，面子をなくさないための最低ラインの面子の量すなわち面子の閾値である。もう1つはその閾値の上にあり，面子を求めるという積極的な目標と面子を守るという消極的な目標との間に引かれる線である。計算された面子の量とその分界点と照らし合わせ，面子の獲得，維持または挽回に関する比較判断が行われる。閾値は必ず守備しなければならない水準であり，その値の上にいけば行くほど，面子のための消費行動の目標はより積極的になる。そして判断の結果をもとに購買または満足といった反応が引き出される。

第3節　小結

本章はまず，中国社会関係ネットワークにおける面子の役割ならびに中国的面子の生成歴史を概観したうえで，人類学，社会学，社会心理学を中心に面子

第3節　小結　93

の定義を整理し検討してきた。面子には道徳性と社会性を併せ持つことが共通に認識されているものの，道徳性はあくまでも理想型面子だけに備わる性質という指摘にあったように，現実型面子は社会性に重きをおいている。また，中国人の面子が個人よりも所属集団のものであることは日本や欧米の面子と根本的に異なるポイントとなる。そのため，中国人消費者は独特な面子の捉え方や面子のための行動を取るのである。

　次に，消費者行動研究における面子と関連する研究をレビューしたうえで，人類学，社会学，社会心理学で整理された定義を援用し，消費者行動研究における面子の定義を試みた。さらに，面子意識と面子知覚が重要な概念として洗い出されたため，両概念の関係について，先行研究の理論を援用しながら解明してきた。面子意識は消費者による刺激に対する焦点的注意や刺激への意味づけの方向性を誘導する要因である。ところが，面子意識が強いからといって必ずしも購買という反応を引き出せるとは限らない。それは，面子の定義にあるように，特定の製品やブランドは消費者に面子をもたらす程度そのものが面子であるがゆえに，面子の量や質に関する計算，判断というプロセスを省くことができないのである。

　面子は自己評価と自ら知覚する他人の評価である。製品やブランド関連の情報処理コストの削減，さらに重要なのは他者の評価に対する推測を容易にするには，知名度が高く，贅沢さや高級感の溢れるブランドが功を奏すると考えられる。世界中で贅沢ブランドを買い占めているという中国人の実際の行動がその証左であろう。

[注]
1）中華圏における「本土化研究」の生成と発展のプロセスは次のように概観できる（翟，2013）。従来の研究は西洋学者が規定する研究フレームワークのなかで進められていた。その後比較文化上での二項対立的な研究スタイル（西洋は個人主義や罪の文化であるのに対して中国社会は集団主義や恥の文化である）に代わって，中国の社会や文化的特性が西洋の関連研究の対極に位置づけられた。現在は多元的な視点からの議論が試みられているが，「本土化研究」が実質的に進展しているとはまだ言い難い。
2）楊（2008）によれば，アメリカ流心理学は華人社会の分析に適合しないことが明らかにされ，1976年に華人心理学の中国化運動が正式に展開され，その後「本土化」という名称に変更されたという。
3）黄は社会的交換における「人情」を議論する論者のなかで最も注目される一人である（李，2010）。
4）「差序格局」の道徳体系の出発点は「己を克めて礼に復る」（『論語』顔淵）である（費，1947=

94　　第5章　中国社会における面子の研究

2004）。よって，「圏子」内の人々は儒家の「礼」に基づき行動する。

5)「本土化研究」は1980年代から盛んに行われるようになったが，そのルーツを1930年代から1940年代初めにかけて，人類学，社会学分野の欧米留学から帰国した研究者の研究に求めることができる（李, 2010）。費孝通氏はその研究者のうちの一人である。

6) それは，石を水面に投げたときに推し広がって生じる波紋の様子になぞらえられる。

7) この範囲は，生活上助け合う構成員の範囲をも規定しており，「圏子」とも呼ばれる。

8) 面子の貸し借りに関する議論は翟（2013, pp.212-216）を参考にしている。

9) 尊厳は，個人の内在的な品性を示し，単なる面子の維持ではないとされる（Ho, 1976）。

10)「面子工程」とは特に公共機関が面子のために必要のない施設までも建造し，または政府や上級組織の視察に応じるために建築物の品質よりも見た目だけにこだわるといった現象である。無駄な出費や危険家屋の増加等に直結するために批判の声があがっている。

11) Medhurstが「面子」という言葉を直接使用しないのは，言語翻訳上の問題か，誤って面子を「名誉」として捉えたと考えられる（翟, 2011）。

12) 中国人は「芝居民族」と呼ばれるほど芝居好きである。「人生は芝居如き，芝居は人生如く」ということわざが日常的に使われるように，中国人にとって芝居は，鑑賞し楽しむという娯楽性よりも処世の方法を学ぶものとして，より重要である。その結果，中国人は日常生活でも芝居のように演じる行為がしばしば見られる。

13) 項羽の行動からわかるように，場合によって面子は命よりも重要視される。例えば，儒教が支配的イデオロギーとなっていた時期において，女性は結婚前に貞操を奪われると，その親は顔をなくすことになり，本人は顔がなくなったと考え，自殺に追い込まれることがしばしば見られた（李, 1998）。

14) 顕示消費（conspicuous consumption）はVeblenが1899年に刊行された"The Theory of the Leisure Class: An Economic Study of Institutions"という著書のなかで提起した概念である。顕示消費は贅沢的，非生活必需品の消費または浪費を通して，所有者の地位や名誉の証憑となる富を見せびらかすための消費行動を指し，その行為者は生産的職業から免除される富裕な上層階級すなわち有閑階級に限るという（Veblen, 1899（小原訳））。有閑階級に属さない生産階級は生存に必要なものだけを消費すればよいと一般的に認識されていた。一方，中国では，面子を立たせるのに役立つのは必ずしも贅沢品だけではない（宋, 2012）。また，さまざまな階級，家庭，社会団体，組織および個人は面子にこだわり，借金してまで体裁ぶりをし，逆に特定の状況において，体裁ぶりに抵抗する人は変な目で見られることになる（翟, 2011）。さらに，すべての面子消費は見せびらかしを目的とするものではなく，面子の他者志向性に見られるように，他者の面子または他者への尊重を示すという客観的な必要性に迫られやむを得ず面子を維持したり挽回したりするために消費に従事する場合もある（Li & Su, 2007; 姜, 2009）。

15) S-Rモデルは，消費者の行動を，刺激とそれに対する反応という観察可能な2つの側面で捉えるものである。それは「いかなる条件下において，いかなる刺激（価格，広告等）を与えた場合に，刺激の受け手としての消費者は，その送り手たる企業（その製品やブランド）に対して最も効果的に反応（選択・購買）するか」という問題意識のもとに，「与えられた刺激と消費者の反応との間の対応関係を説明・予測」しようとする研究アプローチの総称である（青木, 2010）。

16) 実体的刺激はブランド自体の品質や価格などの情報，象徴的刺激は広告などによってもたらされる言語やビジュアルの情報，社会的刺激には家族，準拠集団，社会階層などの情報を表す。

17) なお，言語報告などの顕在的な行動として示された場合には，注意，理解，態度，意図なども出力変数として扱われる。

第6章

中国市場におけるブランド消費の現状と研究課題

第1節 中国消費市場の概観

1. 1978年までの消費市場

　中国において，日本で使われるのと同じ意味での「消費者」が誕生したのは，1978年の改革開放政策[1]以降と考えられる（三浦，2009）。新中国が成立した1949年から改革開放政策が施行される1978年までに，中国では消費者そのものが存在しないといっても過言ではない。それは，主に当時の産業発展の特徴と生産品配分の特徴によって導かれた結果であると考えられる。

　まず，産業発展の特徴について概観する。1978年以前において，1949年から1957年までは工業化の基盤整備の時期，1958年から1978年までは工業システム建設の時期である。いずれの時期においても，基本的に重工業の発展に重点がおかれてきたといえる。このような重工業化路線は消費財を生産する軽工業の発展を抑えてきた。

　次に，生産品配分の特徴について概観する。改革開放までに，企業の生産計画や投資活動は基本的に政府によって支配され，必要な経営資源である資金，原材料，労働力などは政府から提供され，生産したものは政府の計画によって配分されていた。つまり，国民の生活に必要な物財は，公平優先を原則とする「大釜の飯」のもとで計画的に配分されていたのである。

　このように，1978年までの中国は，政府による強力な支配のもとで計画経済が実行されてきたため，重点産業の決定から，国有企業を中心とする企業の活動，国民の日常生活まですべては政府によってコントロールされていた。その結果，国民は政府の配分に基づき受動的に生産品を受け取りながら生活を送る

こととなり，「消費」の概念とは無縁であった。よって，1978年までは中国では消費市場が存在しなかったのである。

2．1978年以降の消費市場の特徴

（1）消費財の消費動向

1980年代以降の消費財の消費動向について概観する[2]。1980年代初頭において，「三種の神器」[3]と呼ばれる自転車，ミシン，腕時計が大いに消費され，価格は数百元で庶民の年収の半分にも及んだ。その後同じく1980年代には白黒テレビやラジオが普及した。この時代は，日本に比べると，まだ30年以上の時の開きがあったといわれる。

1980年代末から1990年代にかけて，カラーテレビ，冷蔵庫，エアコンが普及していったが，価格は数千元で，都市部の高所得者の月収数カ月分に相当した。また，1990年代後半には，都市部での白物家電の普及が一巡し，パソコンや携帯電話などのIT関連製品が，日本とほぼ同時進行で消費されるようになった。また，外食や旅行，教育などのサービスの消費も拡大した。

2000年代に入ると，住宅や車，また海外旅行が購買対象となったが，価格は数万元から数十万元である。これまで，国有企業の従業員の住宅は国からの支給物であったが，1998年，朱鎔基首相のもとで進められた住宅改革によって住宅は購買対象になった。それによって，住宅（マイホーム）への需要が一気に生まれた。また，マイカーブームが到来した背景には，2001年12月のWTO加盟後の外国輸入車の関税の引き下げと，中国国内メーカーによる対抗値下げによるところが大きいとされる。実際，十数万元していた小型車が9万元に値下げされ，4万元を切る軽自動車も現れた。

（2）中産階層の形成

2003年から，「中産階層」は中国社会，経済と企業経営の3大分野における最もホットな用語となってきた（蔡，2006）。さらに，2005年には，「中産階層の消費」は中国市場の最もホットな話題となり，中産階層を主力とする消費市場の拡大こそ中国経済の高成長をけん引する新しいエンジンの1つとされた

第1節　中国消費市場の概観　　97

図6-1　中国社会における階層分化と中産階層形成の背景

1980年代 社会階層分化の開始時期	1990年代 社会階層分化の活発時期	2000～2005年代 社会階層分化の形成時期
「先富論」：まず一部の人, 一部の地域を豊かにさせる	発展至上・競争原理 東部沿海地域の発展戦略	人本主義・協和的社会 均衡の取れた持続的発展
「悪平等」から脱出へ 個人経営・万元戸の出現	地域格差・所得格差 サラリーマン, ニューリッチ	都市と農村の落差 中産階層の台頭
経済改革・対外開放 売り手市場から買い手市場へ	外国直接投資ブーム グローバル企業の市場開拓	WTO加盟・市場開放 外来消費文化の襲来

中国・中産階層の形成と増大は中国社会・経済の重大変化の一つ

出所）蔡, 2006, p.25

（蔡, 2006）。現在においても, 中国では「中産階層」が大きな話題となっている（人民網日本語版, 2016年11月16日付a）。

　蔡（2006）では, 1980年から2005年の20数年間を3つの時期に分け, 中国社会における階層分化に伴う中産階層形成の主要な背景を分析した。図6-1は中国社会における階層分化と中産階層形成の背景をまとめたものである。

　中産階層は2000～2005年代の社会階層分化の形成時期に台頭してきたものとされる。この時期において, 直前の時期で唱道された「発展至上主義」がもたらした地域格差と所得格差といった社会的問題, 環境的問題への反省として,「人本主義」,「協和社会」と「均衡の取れた発展」の理念が主導的なものとなり, 都市部と農村部の格差を縮小させることが政策運営の最大の課題と位置づけられた。中国政府にとって中産階層の育成は中国社会における貧富の格差がもたらす社会的リスクを減少させる最適な選択肢となっている。

　人民網日本語版（2016年5月17日付）によると, 習近平中共中央総書記は16日に中央財経指導グループの第13回会議を招集し, 供給側構造改革の実行, 中間所得層の拡大の取り組みについて検討した。習近平は,「中間所得層の拡大は, 小康（ややゆとりのある）社会の全面的完成という目標の達成に関わり, 方式転換による構造調整における必然的要請であり, 社会の調和と安定, 国家の

長期的安定を維持するうえでの必然的要請」であると強調した。

　政府が制定する「中産階層」の明確な定義は今のところない。また，社会においても，中産階層の境界線をめぐって論争が続いており，さまざまな定義が登場している（人民網日本語版，2016年11月16日付a）。蔡（2006）は中国の中産階層とその消費意識に関する調査の結果に基づき，中産階層を次のように定義する。中産階層とは，「年齢は25歳から35歳，年収入は1万〜5万ドル，個人あるいは家庭の資産は2万〜10万ドルで，中等（中流）意識とブランド消費意識を持ち，またマイカーとマイホームを持っている人々からなる社会集団」（蔡，2006，p.26）である。

　英経済誌「エコノミスト」は，中国の中産階層を「世帯年収が1万1500〜4万3000ドル」とし，2016年7月現在その数は2億2500万人であると発表している（人民網日本語版，2016年11月16日付a）。クレディ・リサーチ・インスティテュートが発表した「グローバル・ウェルス・レポート」では，資産額5万〜50万ドルの人を中産階層の成人と見なしている（人民網日本語版，2016年5月18日付）。この基準に基づけば，2015年の中国における中産階層の人数は世界の青年人口の11％にとどまるが，絶対値で計算すると世界最多で1億900万人に上る（人民網日本語版，2016年5月18日付）。

　このように，「中産階層」の定義については統一されておらず，調査機関によって評価に用いる指標や基準値に違いが見られる。一方，間違いなくいえるのは，その人数は今後も増え続けるということである。中国の中産階層とその消費力は中国だけでなく，世界の経済の成長にも大いに貢献すると考えられる。

第2節　中国消費市場におけるブランディングの発展プロセスとブランド市場の特徴

1．ブランディングの発展プロセス

　中国のブランド発展プロセスは4段階に分けて概観することができる[4]。第1段階は1949〜1978年の計画経済期である。この時期においては，前述し

たように，政府による強力な支配のもとで計画経済が実行される。共に働き，平等に配分するという「大釜の飯」の考え方のもとで，働いても働かなくても成果が平等に配分されるため，企業にとって，ブランディングが不要であるばかりか，考える必要すらなかった。

第2段階は1980年代からの「追いかけ」と呼ばれる時期である。1978年までは，消費財の購買は政府の計画的な配分に限られていたが，1980年代以降，その制約が撤廃されることによって生産品に対する需要は増加の一途を辿った。作れば売れる時代でもあったため，マーケティングを考える必要はなく，この時期においてもブランディングを考慮する必要がなかった。

第3段階は1990年代からの競争期である。この時期において，消費者がブランドを意識するようになった。ブランド化されていない製品の間では，製品の特性や品質の差異が知覚されないため，ブランド化製品はより売れるようになった。とりわけこの時期において，中国人消費者は国内製品の品質に不満を抱えるようになり，外国ブランドに目を向け始めた。このような消費者の動向を受け，中国企業は企業ブランディングの重要性を意識するようになり，ブランドの育成戦略を打ち出した。

第4段階は2000年以降の熱狂期である。民間だけでなく政府も企業のブランディング活動に強い関心を示し，国内のみならず，世界を視野に入れたグローバル・ブランドの構築に力点がおかれた。中国政府は，第11次5カ年計画（2006〜2010年）の重点施策の1つとして「国際ブランドの育成」を掲げている。中国政府は，世界における中国の国産ブランドの認知度の低さは中国企業が薄利多売の輸出戦略を強いられる原因として捉え，国産ブランドの海外進出支援，メディアへの働きかけ，国内各地におけるブランドキャンペーンなど積極的に活動を行い始めている（野村総合研究所・サーチナ総合研究所，2007）。

自動車ブームは2002年以降に引き起こされ，時期的にはややズレがあるものの，自動車に対する顧客ニーズの変遷からもブランディングの発展プロセスを読み取れる。図6-2は中国の自動車購買層のニーズの変遷を示している。日本では1960年代から1980年代の30年で起こったことが，中国の一部の先進都市では，2000年からの7，8年で起こっていた（梅・寺村，2008）。

2001年頃までは，公用車を中心とする自動車消費の時代であり，基本的に車

図6-2 自動車に対する顧客ニーズの変遷

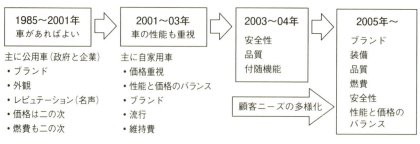

出所）梅・寺村, 2008, p.56

があればよいため、造れば売れる市場であった。2002年のマイカーブーム以降、車の性能、安全性、品質、付随機能など顧客ニーズの多様化が進行し続けていたが、市場そのものが拡大する成長期であったため、新車を出せば売れる状態が続いていた。本格的にブランドを求めるようになったのは2005年以降であるといわれる。顧客は車本体だけでなく、整備や修理などのアフターサービスを含めたメーカーの総合力に目を向け始め、より多くの視点を総合的に含有するブランドが重視されるようになる。ハードとソフト両面の品質を高めることによって、ブランドを構築・浸透させることに成功したメーカーが、市場での勝者となると示唆された（梅・寺村, 2008）。

2. ブランド市場の特徴

（1）企業ブランドの重要性

企業は基本的に複数のブランドを展開している。Keller（2008）は、企業のブランディング戦略を、傘ブランドとしての企業ブランド、ファミリー・ブランドを自社のすべての製品に使うというブランドハウス（Branded House）と、個々の異なる複数のブランドを使うというハウス・オブ・ブランズ（House of Brands）に大別した。米国は製品ブランディングを重視するのに対して、アジアは企業ブランディングを優先するという相違点は古くから指摘されてきた。欧米市場では、独立したブランドを構築することを重視し、ブランドをむ

やみに拡大させず，ハウス・オブ・ブランズという戦略が取られてきた。それによって，企業ブランディングよりも製品ブランディングを重視する西洋のマーケティング文化が成長したといわれる（王，2011）。

　対照的に，三菱やサントリーなどの日本企業は，隣接の製品領域に簡単に参入し，従来の生産ラインを超えて製品投入をなしうる強い力があり，各社のブランド資源は企業名に集中投入される（王，2011）。中国企業であるハイアール，レノボ，あるいはワハハはこの先例に続き，マスターブランドの傘下にプロダクトラインを展開する東アジアの巨大企業が好むブランドハウス戦略をとろうとする（王，2011）。ところが，両国のブランディング発展プロセスは必ずしも一致するものではない。

　野村総合研究所・サーチナ総合研究所（2007）では，企業は市場の成長段階に応じて製品ブランディングから企業ブランディングへと発展していくと主張され，このブランディング戦略の発展プロセスを2段階に大別した。第1段階はブランド意識が広がり始めた萌芽期の市場である。この市場では，製品ブランドがけん引し，とりわけヒット製品が製品ブランドとしての価値を持ち始め，製品ブランド名から認知され，共感を呼ぶとされる。

　第2段階はブランド意識の定着が進み成熟化を遂げた市場である。この市場において，製品ブランドだけでなく，製品ブランドを創り出した企業にまで関心が抱かれ，企業ブランドへの意識が高まるという。企業は，製造・販売といった本業だけでなく，社会貢献活動など本業以外の活動も含めた企業活動に注目が集まるようになる。日本では特にこの傾向が強いとされる。このように，日本企業はブランドハウス戦略を取ってきたとはいえ，ブランディング発展の初期段階においては製品を中心としたブランディングが展開されていた。

　前節では中国におけるブランディングの発展プロセスを概観した。中国消費市場におけるブランディング発展プロセスの特徴の1つは，日本とは違い，いきなり企業ブランディングから始めたことである。また，企業ブランディングを推進するにあたっては，企業だけにとどまらず，政府の重点施策の1つとしても位置づけられている。

　世界ブランド研究所（World Brand Lab）が2004年より公表してきた「中国ブランドランキング500」にランクインしたブランドはほとんど企業ブランド

である。中国において，2004 年頃はブランドが浸透し始めた時期である。世界ブランド研究所という世界的に有力なブランド評価機関によって評価される結果は信頼に値し，その結果は中国人のブランドの認識方式に強い影響を与えたと考えられる。さらに，パソコンメーカーのレノボによる IBM のシンクパッドの買収や国内家電メーカーの巨人であるハイアールによるメイタグの買収合戦以降，中国ブランドが世界に進出することは，熱狂的ともいえる国民の願望[5]となった（王，2011）。

　つまり，中国は日本や米国とは異なり，製品ブランドよりも企業ブランドを重視してきた。中国の企業文化が成長してきた市場環境では，ブランド・マネジメントよりも企業マネジメント，ブランド文化よりも企業文化，ブランド・アイデンティティよりも企業アイデンティティに焦点をあててきた（王，2011）。

（2）ブランドのパブリック性の重視

　中国人消費者の「爆買い」行動から，1 人あたりの購買量が多いことと，特定のブランドに購買が集中することが見て取れる。それによって，購買制限（1 グループにつき 2 つまでとか）が設けられるブランドもよく見かけられるようになっている。この爆買い行動は中国人消費者のブランドの選好性を示唆している。つまり，中国人消費者は誰しも認知し評価しているブランドを選好する傾向がある。ここで，電通総研（2013）のレポートに基づき，中国人消費者のブランド消費におけるパブリック性重視の状況を概観する。

　電通総研（2013）では，耐久消費財のノートパソコン，デジタルカメラ，日用品のチョコレート，パッケージ茶飲料に関して，北京，上海，広州をはじめとする中国 8 大都市の消費者に「世帯保有ブランドあるいは最近の飲食経験ブランド」を聞いた。製品カテゴリーに関係なく，ブランド選択行動には一定のパターンが存在することが明らかにされた。このパターンは，1 位のブランドが消費者の 20〜25％，2 位のブランドが 15％，3 位のブランドが 10％程度を獲得し，4 位以下のブランドが 1 桁台で続くビッグヘッド構造である。また，世代別，所得階層別においても同様な傾向が見られた。

　中国の商習慣の 1 つは広告に大金をつぎ込むことであり（王，2011），例えば

表6-1　日本企業と中国人消費者の間に見られる意識のギャップ

日本企業の意識	中国人消費者の意識
中国の消費者は品質の良いブランドを求めている	品質の良いブランドが欲しい
ブランドの品質は商品で分かる	ブランドの品質は，評判で分かる
皆が持っている普及ブランドより，より先進的／より新しいブランドを求める	皆が持つ（持ちたがる）ブランドこそ，市場競争を勝ち抜いた良品である
優れた品質を合理的な価格で提供すれば喜ばれる	高いモノは良いモノ，安いモノは粗悪品
	支出に応じた価値を得るのは公平である
"ぱっと見"は普通でも，使えば商品の良さを認めてリピートする	見栄えは自己表現であり，買い得感にも関わる
	購買判断に大きく影響する

出所）電通総研，2013，p.19

ハイアールはメディア戦略に積極的であり，とにかくメディア露出が多い（野村総合研究所・サーチナ総合研究所，2007）。電通総研（2013）では，購買を集めるブランドの特徴を明らかにするために，広告出稿金額と製品の購買率を比較した。その結果，各製品カテゴリーの購入トップブランドの広告出稿量がすべて最大であったことがわかった。よって，中国において，集中購買されるブランドは基本的に知名度が高いブランドであることが示唆された。

　一方，実績の低いブランドは信頼しない。表6-1は日本企業と中国人消費者の間に見られる典型的なギャップを示している。この表からも中国人消費者は知名度が高く評判の良いブランドを選好する傾向が読み取れる。それに加え，高価格製品を評価し，ブランド消費における見栄えを追求する傾向も読み取れる。中国人消費者のこのようなブランド選好性は中国の面子文化と密接に関連していると考えられる。

（3）ブランド消費における面子の重要性

　既に第5章で論じたように，中国人は日常生活において面子を重要視し，また，自分自身の面子だけでなく周りの人の面子も考慮せざるを得ない。「死要面子活受罪（面子にこだわるあまり辛い思いをする）」は，中国人が面子にこだわる行動を評価する際によく使われ，中国人の日常生活を巧妙に表していることわざである。

　野村総合研究所・サーチナ総合研究所（2007）では，中国人の面子とブランド消費について次のように説明している。「中国人消費者は特に『面子』を重視

する。持ち物や使っているもの，行くお店など，人に見られるものについては，人からどう評価されるかを実は非常に気にしている。そうした場合，特に消費やサービス利用についてはわかりやすいブランドが面子を保つ際には最も適している。わかりやすいブランドとは，すなわち誰もが知っていて高く評価されているブランドのことである。いかに品質が良くて自分自身が好んでいても，知る人ぞ知るブランドでは面子が保たれない可能性がある。誰もが評価するものでなければ面子を保つのに適さないケースも多いことは，日本人消費者と異なるポイントとして意識する必要がある」(p.15)。

　また，面子を重視するという消費性向について年齢層に関係ないということも述べられた。これらの説明は，中国人消費者およびそのブランド消費の特徴を非常に的確に捉えている。要するに，中国人消費者にとって，家族や会社などの面子が自分の面子と同様に重要であり，自分の面子も家族や会社などの面子も考慮せざるを得ないため，誰もが知っている有名なブランドの利用は皆の面子を保つのに非常に便利かつ有効な手段である。

　電通総研（2013）の指摘にあったように，日本企業は，中国人消費者に対して，製品の品質をアピールするようなコミュニケーションに没頭している。ところが，中国人消費者にとって，企業ブランドこそが購買意思決定に重要な影響を及ぼす要素であり，品質は二の次でサブ的な存在である。第２章で検討した企業の構成要素を巧みに組み合わせながら企業ブランディングを全面的に展開することが戦略を練る際の重要なポイントとなる。さらに重要なのは，企業ブランドは消費者の面子の維持，獲得または挽回との関係である。要するに，ブランドの価値設計やコミュニケーション活動に，中国人にとっての面子という価値を組み入れての戦略展開が重要となる。それに先立って，中国人消費者のブランド消費の特徴や面子意識の働きを理解しておかなければならない。

第3節　研究課題の考察

1．グローバル・ブランド消費における原産国イメージの
　効果に関する課題

　中国人消費者は先進国のブランドから高品質や社会的プレステージ感を知覚し（Batra et al., 2000），選好性と高いブランド・ロイヤルティを払う傾向が強い（Bhardwaj et al., 2010; Lin & Sternquist, 1994）。世界中でのブランドの買い占めや，日本での爆買いという行動はその傾向の現実性を説明している。このように，とりわけ中国人消費者は先進国のブランドの消費に積極的な意欲を見せている。

　原産国イメージの効果は安定的なものではなく，与えられる文脈に応じて，製品そのものの評価に有効である場合と製品の属性評価に有効である場合に大別される。また，原産国イメージは消費者の購買意向に直接的な影響を及ぼさないことも検証された。さらに，2000年代以前の研究成果と比較して，2000年以降において，原産国イメージよりもグローバル・ブランドの方が消費者の購買行動に強い影響を及ぼすように見受けられる。このように，原産国イメージは状況の変化に応じてその効果が変動するのである。

　原産国イメージの効果に影響を及ぼす要因として，先行研究では，ブランド知識（Maheswaran, 1994; Pecotich & Ward, 2007; 李，2013）と国家の経済発展水準（Bilkey & Nes, 1982; Schooler, 1971; Wang & Lamb, 1983）が挙げられている。

　古川（2006）は，中国人消費者の体験知の蓄積が不十分であることを検証するために，中国人消費者が乗用車のブランドに対する捉え方について調査した。ブランドを表現するパーソナリティについて，東京で生活している成熟した消費者と上海の消費者とで比べた結果では，上海の消費者は非常に乏しい表現力しか持っていないことがわかった。また，発展途上国の消費者は非現地あるいは外国っぽく聞こえるブランドに対して好感を持っており（Batra et al., 2000; Li et al., 2011），現地ブランドと外国ブランドを選択するのに必要な知識

が依然として不足しているという研究の結果も出されている（Chan et al., 2009）。

Maheswaran（1994）とPecotich & Ward（2007）では，ブランド知識と関連しながら，専門家と初心者による製品評価における原産国イメージの効果を比較検証した。専門家は，製品の属性を明確に把握できる場合，原産国イメージを製品の属性再生に用いるが，製品の属性に知識を持たない場合，原産国イメージを製品の評価の推測に用いない。一方，初心者は，製品の属性評価に原産国イメージを利用する。

また，李（2013）では，消費者が持つブランド知識の量を低，中，高に分けたうえ，各グループにおけるブランド知識が原産国イメージ，ブランドのグローバル性に与える影響を検証した結果，次のことがわかった。低ブランド知識グループにおいて，ブランド知識と原産国イメージ，ブランド知識とブランドのグローバル性との間に有意な関係が見出せなかった。中ブランド知識グループにおいて，原産国イメージに影響を及ぼすものの，ブランドのグローバル性に有意な影響を及ぼさなかった。また，高ブランド知識グループにおいては，原産国イメージにもブランドのグローバル性にも有意な影響を及ぼした。このように，消費者が持っているブランド知識によって，原産国イメージに対する認識が変化するのである。

また，経済発展水準について，古くから，先進国である米国人消費者は外国製品，特に発展途上国の製品に対して強い偏見を持っている一方（Gaedeke, 1973; Schooler, 1971），自国製品を最も高く評価する（Nagashima, 1970; Reierson, 1966; Schooler, 1971）といった傾向が見られる。また，前述のように，発展途上国の消費者は先進国のブランドの品質やプレステージ感を積極的に評価している。このように，国家の経済発展水準は当該国家の製品の評価に強い影響を及ぼすのである。

消費者のブランド知識と国家の経済発展水準のいずれの側面においても，近年，中国は大きな変化を遂げている。古川（2006）では，中国人消費者の体験知が欠乏していることを指摘している。誰もが知っている知名度の高いブランドの消費に集中しているため，製品そのものの知識がどれほど増加したかを実際に調査しないとわからないが，体験知という視点からブランド知識を捉える

第3節　研究課題の考察　107

図6-3　中国の1人あたりの名目GDPの推移

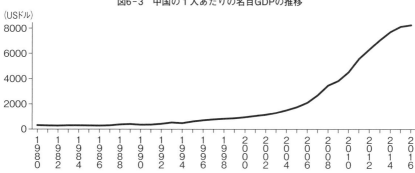

注）2016年は推定値
出所）World Economic Outlook Database, October 2016

と，これは確実に増加していることが断言できる。

　また，経済の発展水準について，図6-3は中国の1人あたりの名目GDP（USドル）の推移を示す。1980年にわずか309.352ドルであったが，2016年現在において8260.88ドルと推定され，約26.7倍の成長を遂げている。1980年代から1990年代までの成長はかなり緩やかであったが，とりわけ2004年以降は急上昇の勢いを見せている。

　先行研究では，中国人消費者が「先進国のブランド」に強い購買意向を示すことが強調されている。ところが，その効果は「先進国」という原産国イメージにあるのか，それとも「ブランド」にあるのかはまだ解明されていない。消費経験に基づくブランド知識の増加に伴い，中国人消費者のブランドの購買行動における米国をはじめとする先進国の原産国イメージの有効性を再検証することが重要である。ところが，先進国の原産国イメージだけの再検証なら従来通りの結果しか得られないと予想される。中国の経済が成長し，さらに，世界ブランドランキングのトップ100に入る中国発のグローバル・ブランドも現れたなか，中国の原産国イメージやグローバル・ブランドの効果との比較を通して，「先進国のブランド」の優位性の所在を明らかにすることができると考えられる。さらに，中国という原産国イメージや中国発のグローバル・ブランドの効果を検証し，米国との比較を通して，中国企業の優位性ならびに劣位性を明

確化することが可能になる。

このような体系的な国際比較研究を通して，先進国と発展途上国の企業に有益な知見を提供することができ，これらの知見は強力な消費力を見せている中国人消費者向けのブランディングやコミュニケーション戦略を成功させる一助になると考えられる。

2．面子文化とグローバル・ブランド消費に関する課題

面子は中国人だけが持つ価値観ではないが，中国独自の文化である儒家の「礼」をルーツとして発展してきた。そのために，面子に対しては，中国人は，他とは違う独特の，かつ顕著な民族的特徴がある考え方や扱い方をする（江，2004）。2014年に，中国人消費者による贅沢品の消費額は世界全体の市場規模（2320億ドル）の46％にあたる1060億ドル（約12.4兆円）にも達した（人民網日本語版，2015年2月3日付）。これは，ブランド消費大国と称される日本を追い越す勢いである。

中国人消費者は知名度が高く，見栄えのよい，かつこれらの特徴がわかりやすいブランドを選好する。それは自分自身の面子と，自分と関連のある他者の面子を保つのに適しているとされるためである。このような価値観は実際のブランド消費の行動に異なる結果を生み出している。電通総研（2013）が実施した「乗用車ブランド意思決定調査」の結果によると，多くの一般消費者はブランドの"内実"（使用価値）よりも，むしろ"外実"（ブランドの知名度，外観，周囲の評判，ブランドの国籍など）に影響されてブランドを決定するという。また，両者の割合について，内実を吟味して決める人は約30％しかいないのに対して，外実を優先しながらブランドを決める人は約70％も占める。

また，面子に対する考え方は，成人だけではなく，子供の世界にも広がっている[6]。新華網（2003年9月12日付）の記事によると，ある記者が中国海口市のある中学校の前の道路で10分間ほど観察したところ，子供を送る車が100台以上も通過し，そのうち，8割が公用車であると確認された。一方，自転車で送られる子供は，同級生に知られないように，学校から100メートルほど離れたところから1人で歩いて学校へ向かう。このような現象が起こる背景には子

供らの面子問題が秘められていると当該記者は示唆した。面子のために購買する製品に関する調査の結果では，乗用車（61.8％）がトップの座を獲得した（姜，2009）。自動車の所有を通して，場合によって他者のものを借用してまで，自らの社会的地位をアピールしようとし，面子を立たせようとするのは中国人の一般的な心理である。このような面子心理が，自動車消費における，内実よりも外実が圧倒的に重視される結果を生み出した要因である。

　このように，面子は中国人消費者の生活の隅から隅まで浸透する価値観である。ところが，面子に対する研究は社会学や社会心理学を中心に行われてきており，消費者行動研究分野においてはまだ発展途上にある（Li & Su, 2007; 姜，2009; 宋，2012）。既存の研究は中米間の国際比較研究に集中しており，面子消費がブランド志向に統計的に正の影響，価格志向に統計的に負の影響を及ぼすといった成果が得られた。一方，面子の主要概念である面子意識と面子知覚との関係を実証的に解明する研究はまだ見当たらない。第5章では，面子意識と面子知覚との関係を理論的に整理し分析した。理論の精緻化を図るために，実際の消費者データによる検証が求められる。

　とりわけ，中国人消費者の消費力が向上し，また消費力が大きい中産階層の増加が見込まれるなか，いかに中国人消費者を勝ち取るかは世界中の企業の関心事であろう。中国人消費者のブランド消費行動において，面子は購買喚起において重要な役割を果たすがゆえに，中国人消費者の消費行動は面子と関連づける文脈のなかで理解しない限り的確に捉えることができない。グローバル・ブランド消費における面子意識と面子知覚との関係，さらにこの両者と購買意向との関係の究明は消費者行動研究における面子の土台的な研究であると位置づけられる。これらの関係を明らかにすることができれば，学術分野だけでなく実務にも有益な知見を提供できると考えられる。

［注］
1）1978年は中国経済の発展にとって非常に意義のある年である。同年に中国共産党第11期第3回中央全体会議が開かれ，そこで左派の誤りが指摘され，中国の国情にあった「社会主義の建設」の道筋が提示された。
2）消費財の消費動向について，遊川（2007）を参考にしている。
3）日本においては，1950年代には「三種の神器」と呼ばれる冷蔵庫，洗濯機，白黒テレビ，1960年代には「3C」と呼ばれるクーラー，カラーテレビ，カーが普及していった。

110 第6章 中国市場におけるブランド消費の現状と研究課題

4）中国ブランド発展プロセスについて，Parker et al.（2011）を参照にしている。

5）電通総研（2013）では，中国マーケティングリサーチ協会の劉会長の話を引用している。「中国人消費者には，『人々に知られていないブランドを買った後で問題を発見して友人にぐちったところで，誰も私に同情しない。しかし，皆が使っている有名ブランドの場合は，企業に面子がある。あるブランドは駄目だという口コミを非常に恐れるので企業はしっかり対応するはずだ』という意識が強い。だから，有名企業の製品を選ぶ」（p.19）。この文章から次のようなことが読み取れる。まず，中国において，面子は個人だけではなく，企業にもあるものであると考えられ，面子は消費者の購買意思決定に決定的な影響を与えると示唆されている。次に，「企業ありき」という企業ブランドの重要性が示唆されている。それは，不満に確実に対応するのは企業その実体であり，かつ企業には面子があるため，有名企業ほど消費者の損傷を最小限に抑える意思が強いと中国人消費者が強く認識していることに他ならない。

6）このような見栄を張る現象は乗用車以外に，有名なファッション製品の消費などにも見られる。例えば，一部の洋服店は，「你挣面子，我挣钱」（あなた（消費者）は面子を獲得するが，私（企業）は金を稼ぐ）とうスローガンを掲げ，ファッション・ブランドのレンタルビジネスを展開している（宋，2012）。

第7章

実証研究①：グローバル・ブランド消費における原産国イメージの効果に関する国際比較研究

　発展途上国の消費者は「先進国のブランド」に強い選好性を示している。ところがそれは，先進国の原産国イメージに魅せられているのか，それともブランドに魅せられているのかはまだ解明されていない。さらに，中国経済の成長，中国発グローバル・ブランド（Global Brand，以下GBとする）の台頭，中国人消費者のブランド体験知の増加によるブランド知識の拡大が相まって，中国消費市場が大きく変貌している。こういった環境変化のなか，先進国の原産国イメージとGBはさることながら，中国の原産国イメージとGBの効果も改めて検証する必要がある。

　また，ブランドの意味づけに関する先行研究では既に概観したが，中国人消費者はブランドのプライベートな意味づけよりもパブリックな意味づけを優先的に解釈しながらブランドの選択に活かす。加えて，中国人消費者はブランドにより自らの社会的地位を一般大衆に表現する意欲が強いため，本章は，原産国イメージとブランド評価の関係を捉える枠組にブランドの身分表示力という構成概念を新たに導入することにする。

　従来よく議論されてきた先進国の原産国イメージやブランドだけでなく，目覚ましい変化を遂げている中国の原産国イメージやブランドの効果も分析フレームワークに加わえ，さらに，中国人消費者がブランドの身分表示力を重視するという消費性向を考慮に入れる実証研究であるため，新たな知見の提供が期待される。

II2　第7章　実証研究①：グローバル・ブランド消費における原産国イメージの効果に関する国際比較研究

第1節　仮説構築

　発展途上国[1]の消費者は先進国の原産国イメージに対して良い品質知覚を形成し，選好性と高いブランド・ロイヤルティを払う傾向にある（Bhardwaj et al., 2010; Lin & Sternquist, 1994）。中国をはじめとする発展途上国の消費者は非現地あるいは外国っぽく聞こえるブランド（e.g., ブランド名が英語表記となっているもの）に対して好感を持っている（Batra et al., 2000; Li et al., 2011）。このように，発展途上国よりも先進国の原産国イメージはブランド評価に良い影響を及ぼすのである。また，原産国イメージは製品の評価に有効であるが（Agarwal & Sikri, 1996; Hamzaoui-Essoussi, 2010; Jo, 2005; Verlegh & Steenkamp, 1999），購買意向に直接的な影響を及ぼさない（Hui & Zhou, 2002; Iyer & Kalita, 1997; 李，2013）。したがって，原産国イメージとGB評価，原産国イメージと購買意向との関係を次のように考える[2]。

　仮説1：原産国イメージはGB評価に有意な影響を及ぼす。
　仮説2：中国よりも米国の原産国イメージはGB評価に強い正の影響を及ぼす。
　仮説3：原産国イメージは購買意向に有意な影響を及ぼさない。

　発展途上国や地域の消費者は先進国のブランドを社会的地位，高品質，流行の象徴として認め，高い選好性を示す（Papadopoulos, 1993; Verlegh & Steen-kamp, 1999）[3]。中国やトルコなどの発展途上国の消費者は，米国をはじめとする先進国原産のブランド化製品を社会的地位の獲得手段ないし「記号」として捉える（Batra et al., 2000; 蔡，2006）。中国人消費者を対象に行われた欧米ブランドの消費動機に関する調査結果によると，誇示的な心理で消費する消費者の割合は43％にものぼる（蔡，2006）。このように，中国人消費者は先進国発祥のブランド化製品には社会的地位のシンボル性を帯びると思い込み，ブランドのパブリックな意味づけに光をあてている。換言すれば，中国人消費者は身分表示力が強い先進国発のブランドを積極的に所有することによって，自らの社会的地位をパブリックに単純明快に表現しようとする。その結果，中国人消費者は欧米を中心とする先進国のブランドの購買に積極的になる。したがっ

て，原産国イメージとブランドの身分表示力，原産国イメージと購買意向との関係を次のように考える。

仮説4：原産国イメージはブランドの身分表示力に有意な影響を及ぼす。

仮説5：中国よりも米国の原産国イメージはブランドの身分表示力に強い正の影響を及ぼす。

仮説6：ブランドの身分表示力は購買意向に有意な影響を及ぼす。

仮説7：中国よりも米国のブランドの身分表示力は購買意向に強い正の影響を及ぼす。

消費者に品質の保証を提供することは企業が製品をブランド化する動機や意義をなす。高関与型製品の購買において，消費者は不確実性を回避する動機が高いため，GBの信頼性を最も重要視する（Erdem et al., 2006）。特に高関与型耐久消費財カテゴリーにおいて，GBを購買する動機がより強くなる（Rosen-bloom & Haefner, 2009）。また，消費者はGBのグローバル性への知覚を通して高品質，高級感やプレステージ感といったブランド価値を享受することによって（Steenkamp et al., 2003），一般大衆が認める意味づけである社会的地位の誇示という価値を獲得する。よって，関与度の高いGBカテゴリーにおいて，消費者はGBの消費により，品質の保証のみならず，社会的地位をアピールするステータスやプレステージ感も同時に享受できる（李，2013; Steenkamp et al., 2003）。したがって，GB評価とブランドの身分表示力，GB評価と購買意向との関係を次のように考える。

仮説8：GB評価はブランド身分表示力に有意な影響を及ぼす。

仮説9：中国よりも米国のGB評価はブランド身分表示力に強い正の影響を及ぼす。

仮説10：GB評価は購買意向に有意な影響を及ぼす。

仮説11：中国よりも米国のGB評価は購買意向に強い正の影響を及ぼす。

図7-1は本研究の分析フレームワークを示すものである。

図7-1　分析フレームワーク

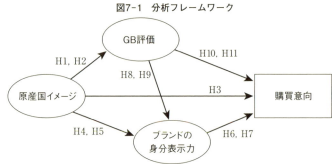

注）H1＝仮説1，H2＝仮説2，等。

第2節　質問票の設計とサンプルの特性

　本章では，原産国イメージ，GB評価とブランドの身分表示力の3つの潜在変数と，購買意向という観測変数を取り上げる。まず，各変数の測定尺度について検討を行う。原産国イメージは多くの先行研究で採用されているMartin & Eroglu (1993) を参考にし，経済の発展水準，製造品の品質，生活の水準，科学技術の水準といった4項目からなる。Erdem et al. (2006)，Papadopoulos (1993)，Rosenbloom & Haefner (2009)，蔡 (2006)，Steenkamp et al. (2003)，Verlegh & Steenkamp (1999) らの研究に基づき，GBが最も評価される要素として，高品質信頼性，プレステージ感と高級感が挙げられたため，GB評価についてはこれら3つの指標を取り上げる。さらに，ブランドの身分表示力について，Jeff Wang & Melanie (2006) を採用し，貧富の差の表示力と身分地位の表示力の2項目から構成する。購買意向に関して，当該ブランドを購買したいかという質問で尋ねる。すべての測定項目は7段階のリッカート・スケールを採用する。詳細なアンケート調査の質問項目は表7-1に示している。

　次に，採用される製品カテゴリーについて検討を行う。本章では，製品カテゴリーに携帯電話を採用する。理由は次の2つが挙げられる。その1つは，世界ブランド・ランキングに躍進した携帯電話事業を営む中国企業が存在するためである。Interbrand社が2016年に発表した世界ブランド・ランキングトッ

第2節　質問票の設計とサンプルの特性　115

表7-1　アンケート調査の質問項目

変　数	質　問　項　目
原産国イメージ	生活の水準　　　　　低い〜高い 製造品の品質　　　　悪い〜良い 技術の研究水準　　　低い〜高い 経済の発展水準　　　低い〜高い
GB評価	当該ブランドはプレステージ感が知覚されるか 当該ブランドは品質が良く、信頼に値すると知覚されるか 当該ブランドはハイエンド、高級品であると知覚されるか
ブランドの身分表示力	当該ブランドは貧富の差を表示できると思うか 当該ブランドは身分地位を表示できると思うか
購買意向	当該ブランドを購買したいか

プ100に，ファーウェイとレノボがランクインしており，それぞれ72位と99位である。また，香港の市場調査会社Counterpoint Technology Market Researchの最新報告および米NBCの財経チャンネルによると，シャオミはアップルやサムスンと競い合う勢いで世界スマートフォン販売トップ10に大躍進した（人民網，2014年4月9日付）。よって，ブランドや販売高ランキングの視点から考えれば，中国には米国の携帯電話と比較可能なブランドが出現したといえる。したがって，GBが存在しないまたは多くの消費者に馴染みがない製品カテゴリーよりも，携帯電話を調査に取り入れた方が検証結果の妥当性が高まると考えられる。

　もう1つは，中国人消費者にとって，携帯電話は高関与型製品であるという点が挙げられる。Greenwald & Leavitt（1984）は文献レビューを通して，高関与が個人的なかかわりや重要性とほぼ同義であるという点は研究者の間で共通の認識であることを示している。Solomon（2013）によると，中国では，携帯電話は重要な社会的地位の象徴となり，葬儀では親類が携帯電話を模った紙を燃やし，個人が来世でも携帯電話を使えるようにしている。また，中国香港の未成年者らは携帯電話や装飾品をセルフ・イメージの向上に使用し（Chan & Prendergast, 2007），中国人消費者が知名ブランドに最もこだわる製品カテゴリーとして服装と携帯電話が挙げられている（姜，2009）。このように，中国社会において，携帯電話は消費者個人とのかかわりや消費者にとっての重要性がかなり大きいがゆえに，高関与型製品であるといえる。GB消費において，消費者はすべての製品カテゴリーではなく，特に高関与型製品カテゴリーに対して

116 第7章 実証研究①：グローバル・ブランド消費における原産国イメージの効果に関する国際比較研究

積極的な態度を示す（Erdem et al., 2006; Rosenbloom & Haefner, 2009）。本章の目的とも照らし合わせて見ると，携帯電話は最も適切な製品カテゴリーであると考えられる。

さらに，調査票の設計について説明する。調査票にはまず，調査の目的，使途，個人情報の扱い方などを明記したうえで，所在都市，性別，年齢などのデモグラフィック特性を配置する。次に中国原産国イメージ，米国原産国イメージに関する質問を設ける。さらに，GB評価関連の質問を設定するが，既に述べたように，消費者がブランドのグローバル性を知覚するかどうかがGBであるかどうかを判断する基準である。そのために，調査の聞き方に関しては何らかの工夫が必要である。なぜなら，従来の調査方法通りに特定のブランドを指定して参加者に答えさせた場合，参加者がそのブランドをGBとして認知するかどうかが測りにくくなるという欠点が生じるためである。その代わりに，本章では，まず参加者に自らが認める中国の携帯電話のGB名を書かせ，そのうえで，GBに対する評価をするように指示する，という手順で進める。消費者が持つブランド知識の体系には誤った情報を保有していることもあろうが，本人はそれが誤記憶と気づかない限り，それを正確な情報として扱い，製品判断に活用すると想定される。そのため，ブランドのグローバル性次元に関しては，消費者の知覚に委ねながら調査や分析を進める。

表7-2　サンプルの特性

プロフィール項目		サンプル数	パーセント
都　市	北京	244	32.53%
	上海	253	33.73%
	広州	253	33.73%
性　別	男性	361	48.13%
	女性	389	51.87%
年　齢	1979年以前生	150	20.00%
	1980年後生	343	45.73%
	1990年後生～1995年	257	34.27%
学　歴	高専	42	5.60%
	大学	575	76.67%
	修士/博士	133	17.73%
世帯収入	10万元未満	236	31.47%
	10万～20万元未満	290	38.67%
	20万元～	224	29.87%

第2節　質問票の設計とサンプルの特性　　117

　アンケート調査を中国の3都市（北京，上海，広州）で実施した。その3都市は，所得と生活の面において比較的高い水準を保っていることに加え，外資企業が多く集まる都市である。そのため，消費者のブランド認知能力や消費能力は他都市よりも高いと推測される。特にブランド認知能力はアンケート調査結果の信憑性を保持するには役立つと考えられる。調査期間は2015年9月9日～9月22日であり，参加者にインターネット経由で質問票を配布し，

表7-3　各変数の平均値と標準偏差（（　）内は標準偏差）

	生活水準	製造品質	技術水準	経済水準	プレステージ
中　国	3.963（1.121）	3.916（1.183）	4.180（1.267）	3.659（1.345）	5.137（1.030）
米　国	6.156（0.788）	6.095（0.775）	6.433（0.729）	6.568（0.645）	6.391（0.731）

	品質信頼	高級感	貧富の差	身分地位	購買意向
中　国	5.337（0.983）	4.715（1.199）	4.279（1.303）	4.217（1.285）	5.080（1.348）
米　国	6.272（0.782）	6.321（0.805）	5.621（1.163）	5.495（1.245）	5.505（1.358）

表7-4　変数間の相関関係

中　国	経済水準	製造品質	生活水準	技術水準	品質信頼	高級感	プレステージ	貧富の差	身分地位	購買意向
経済水準	1.000									
製造品質	.411	1.000								
生活水準	.378	.640	1.000							
技術水準	.361	.534	.545	1.000						
品質信頼	.017	.142	.056	.101	1.000					
高級感	.061	.162	.077	.106	.559	1.000				
プレステージ	.033	.109	.068	.133	.639	.631	1.000			
貧富の差	.048	.090	.023	.061	.269	.503	.359	1.000		
身分地位	.012	.132	.064	.090	.348	.550	.390	.817	1.000	
購買意向	－.014	.106	.015	.081	.450	.352	.460	.279	.311	1.000

米　国	経済水準	製造品質	生活水準	技術水準	品質信頼	高級感	プレステージ	貧富の差	身分地位	購買意向
経済水準	1.000									
製造品質	.391	1.000								
生活水準	.424	.535	1.000							
技術水準	.444	.397	.417	1.000						
品質信頼	.230	.252	.241	.273	1.000					
高級感	.206	.223	.228	.224	.510	1.000				
プレステージ	.236	.217	.246	.238	.535	.603	1.000			
貧富の差	.054	.132	.130	.006	.140	.274	.232	1.000		
身分地位	.045	.145	.123	-.010	.162	.279	.208	.797	1.000	
購買意向	.025	.118	.095	.047	.270	.176	.184	.194	.244	1.000

II8 第7章 実証研究①：グローバル・ブランド消費における原産国イメージの効果に関する国際比較研究

全部で 750 サンプルを回収できた。表7-2 はサンプルの特性，表7-3 と表7-4 は各変数の平均値と標準偏差，変数間の相関関係といった基本統計情報を示している。

第3節　仮説検証

仮説を検証するに先立って，探索的因子分析と確認的因子分析を用いて構成概念の妥当性を検証する。その際，収集したデータを中国のブランドに対する回答と米国のブランドに対する回答に分割した。まず，最尤法・プロマックス回転による探索的因子分析にかける。予想通り3つの因子が確認され，各構成概念の信頼性係数は 0.75 以上あり，高い内的整合性が示された。表7-5 は因子分析の結果である。

次に，SPSS社のAmos23 を用いて確認的因子分析を行う。モデルの適合度はGFI(.90以上)，AGFI(.90以上)，CFI(.95以上) とRMSEA(.08未満採用可，.05未満で非常に良い適合) を用いて検討する (Hair et al., 1998; 豊田，2007)。なお標本数が大きい場合，χ^2検定が棄却されやすいため，Hoelter (0.05) の値を参考にし，この値が標本数を下回る場合，χ^2検定が棄却されても問題ないという (豊田，2007)。

モデルの適合度は，χ^2検定 (df=48，CMIN=177.893) のp値は.000，GFI=

表7-5　探索的因子分析の結果と信頼性係数

	中国のデータ				米国のデータ			
	原産国イメージ	GB評価	ブランドの身分表示力	クロンバックのα	原産国イメージ	GB評価	ブランドの身分表示力	クロンバックのα
生活水準	.804				.736			
製造品質	.797			.779	.705			.754
技術水準	.673				.589			
経済水準	.507				.595			
プレステージ		.859				.806		
品質信頼		.812		.819		.654		.784
高級感		.623				.747		
貧富の差			.932	.899			.849	.886
身分地位			.891				.933	

注) 因子抽出法：最尤法, 回転法：Kaiserの正規化を伴うプロマックス法

表7-6 中国のデータによる確認的因子分析の結果 (標準化係数)

	原産国イメージ	GB評価	ブランドの身分表示力
技術水準	.681		
経済水準	.501		
製造品質	.806		
生活水準	.789		
高級感		.810	
品質信頼		.727	
プレステージ		.800	
身分地位			.960
貧富の差			.851
相関係数	原産国イメージ	GB評価	ブランドの身分表示力
原産国イメージ		.171	.118
GB評価			.585

表7-7 米国のデータによる確認的因子分析の結果 (標準化係数)

	原産国イメージ	GB評価	ブランドの身分表示力
技術水準	.617		
経済水準	.615		
製造品質	.686		
生活水準	.720		
高級感		.767	
品質信頼		.676	
プレステージ		.784	
身分地位			.888
貧富の差			.898
相関係数	原産国イメージ	GB評価	ブランドの身分表示力
原産国イメージ		.465	.146
GB評価			.334

.973，AGFI=.950，CFI=.975，RMSEA=.043，Hoelter(.05)=550（＜n=750）となり，Hoelterの数値がサンプル数を下回ったためp値が棄却されても問題ない。非常によい適合度である。表7-6は中国のデータ，表7-7は米国のデータによる因子分析の結果である。

　共分散構造分析は観測変数と潜在変数（構成概念）の両方を扱い，変数間の因果関係を明らかにすることができる，因子分析と回帰分析を一体にした分析手法である（山本，1999）。本章は3つの潜在変数と1つの観測変数を取り上げるため，共分散構造分析を採用する。SPSS社のAmos23を使用し最尤法による分析を行う。共分散構造分析モデルの適合度は，χ^2検定（df=60，CMIN=234.058）のp値は.000，GFI=.969，AGFI=.943，CFI=.968，RMSEA=.044，

120 第7章 実証研究①：グローバル・ブランド消費における原産国イメージの効果に関する国際比較研究

図7-2 中国発ブランドの共分散構造分析の結果

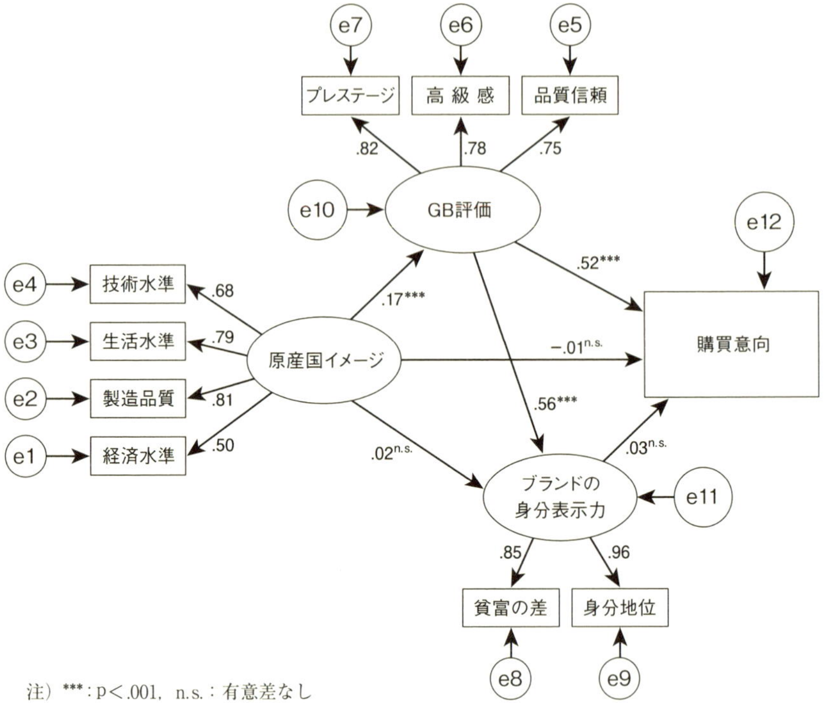

e7　e6　e5

プレステージ　高級感　品質信頼

.82　.78　.75

e10 → GB評価

e12

.52***

e4 → 技術水準　.68
e3 → 生活水準　.79
e2 → 製造品質　.81
e1 → 経済水準　.50

原産国イメージ

.17***

−.01n.s.　購買意向

.56***

.02n.s.　ブランドの身分表示力　e11

.03n.s.

.85　.96

貧富の差　身分地位

e8　e9

注) ***：p＜.001，n.s.：有意差なし

表7-8 仮説検証の結果

パラメータ	中国のブランド				米国のブランド				対応仮説（結果）
	標準化推定値	標準誤差	検定統計量	確率	標準化推定値	標準誤差	検定統計量	確率	
GB評価 ← 原産国イメージ	0.168	0.057	3.707	***	0.466	0.075	8.890	***	仮説1（支持）
購買意向 ← 原産国イメージ	−0.013	0.072	−0.357	n.s.	−0.013	0.164	−0.261	n.s.	仮説3（支持）
ブランドの身分表示力 ← 原産国イメージ	0.023	0.068	0.629	n.s.	−0.013	0.149	−0.252	n.s.	仮説4（棄却）
購買意向 ← ブランドの身分表示力	0.029	0.047	0.677	n.s.	0.182	0.048	4.445	***	仮説6（棄却）
ブランドの身分表示力 ← GB評価	0.563	0.059	14.009	***	0.333	0.106	6.400	***	仮説8（支持）
購買意向 ← GB評価	0.524	0.077	10.891	***	0.218	0.121	4.300	***	仮説10（支持）

注) ***：p＜.001，n.s.：有意差なし

第3節 仮説検証 121

図7-3 米国発ブランドの共分散構造分析の結果

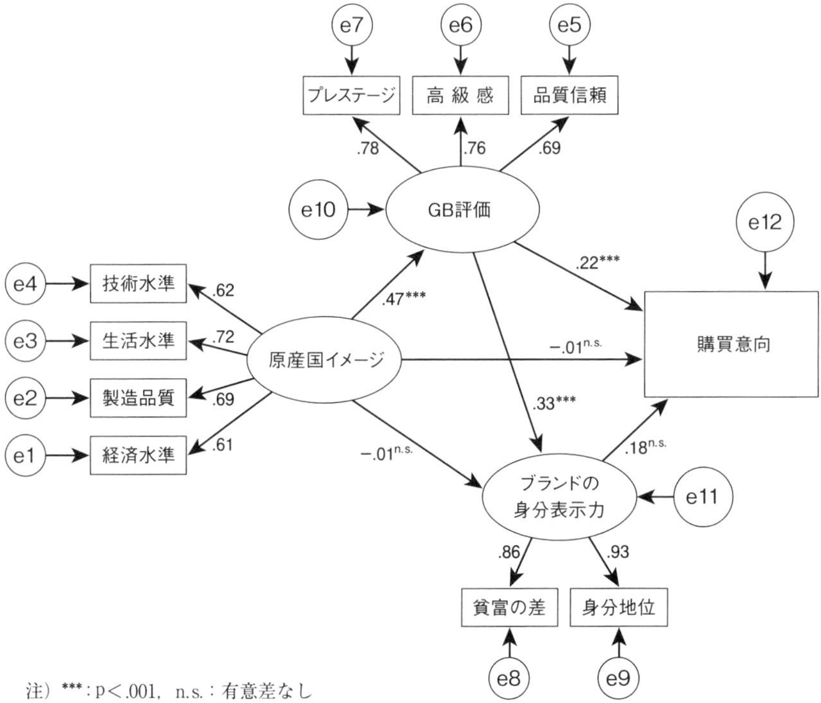

e7 e6 e5

プレステージ 高級感 品質信頼

.78 .76 .69

e10 GB評価

.22*** e12

e4 技術水準 .62

.47*** 購買意向

e3 生活水準 .72

原産国イメージ −.01n.s.

e2 製造品質 .69 .33***

e1 経済水準 .61 .18n.s.

−.01n.s. ブランドの
身分表示力 e11

.86 .93

貧富の差 身分地位

e8 e9

注) ***:p<.001, n.s.:有意差なし

表7-9 多母集団同時分析によるパラメータ間の差の検定結果

パラメータ	検定統計量	確率	対応仮説 (結果)
GB評価 ← 原産国イメージ	4.849	***	仮説2 (支持)
ブランドの 身分表示力 ← 原産国イメージ	−0.490	n.s.	仮説5 (棄却)
購買意向 ← ブランドの身分表示力	2.713	**	仮説7 (支持)
ブランドの 身分表示力 ← GB評価	−1.214	n.s.	仮説9 (棄却)
購買意向 ← GB評価	−2.215	*	仮説11 (棄却)

注) ***:p<.001, **:p<.01, *:p<.05, n.s.:有意差なし

122　第7章　実証研究①：グローバル・ブランド消費における原産国イメージの効果に関する国際比較研究

Hoelter（.05）＝508（＜n＝750）となり，Hoelterの数値がサンプル数を下回ったためp値が棄却されても問題ない。非常によい適合度であった。図7-2と図7-3は共分散構造分析の結果，表7-8および表7-9は仮説検証の結果をまとめている。

　仮説1は原産国イメージからGB評価に向かうパスであり，いずれの原産国も0.1％有意水準で正の効果を示している。そのパスの標準化推定値について，中国は.168，米国は.466であり，多母集団同時分析による両数値間の差の検定を行った結果，0.1％（4.849＞3.290）水準で有意である。よって，仮説1と2ともに支持される。仮説3は原産国イメージと購買意向との関係についてであり，いずれのパスも有意ではない。よって，仮説3も支持される。

　仮説4は原産国イメージとブランドの身分示力の関係を問うものである。いずれの原産国も有意な関係を導かず，仮説4が棄却される。よって，中米間でそのパスの効果を比較する仮説5も同時に棄却される。仮説6はブランドの身分表示力と購買意向との関係についてであり，中国のブランドは有意ではないが，米国のブランドは0.1％水準で有意な結果を示している。また，推定値の差の検定の結果，1％（2.713＞2.580）水準の有意差を示している。よって，仮説6は中国の方が有意ではなかったため，棄却されるが，仮説7が支持される。

　仮説8はGB評価からブランドの身分表示力に向かうパスであり，いずれも0.1％水準で正の結果を示している。標準化推定値について，中国は.563，米国は.333であり，差の検定の結果，有意な水準（|−1.214|＜1.960）を満たさない。よって，仮説8が支持されるが，仮説9が棄却される。

　仮説10はGB評価と購買意向との関係を問うものである。いずれも0.1％水準で有意な正の結果を示している。中国の標準化推定値は.524であるのに対して，米国は.218である。推定値の差の検定の結果では，5％（|−2.215|＞1.96）の有意水準を示している。よって，仮説10は支持されるが，中国の推定値が高いため仮説11が棄却される。

第4節 追加分析

　都市，性別，年齢と所得などのデモグラフィックスによる違いを追加で分析する。まず，都市間の違いについて分析を行う。北京の消費者データでは，中国の原産国イメージがGB評価に及ぼす影響について，有意な結果が得られない。GB評価がブランドの身分表示力に及ぼす効果について，中国発ブランドのデータは米国のデータよりも強い結果を示している（SE中 =.659，SE米 =.239，|−2.025|＞1.960，p＜.05）。要するに，北京の消費者は原産国イメージと関係なく中国のGBを評価し，GB評価から強いブランドの身分表示力を知覚するのである。

　広州の消費者データでは，中国の原産国イメージはブランドの身分表示力に有意な効果を与える一方で，米国のGB評価は購買意向に有意な影響を及ぼさない。要するに，広州の消費者は中国の原産国イメージからブランドの身分表示力を知覚し，同時に，中国のGB評価も重要な購買促進要因となる。

　したがって，評価される要素に違いがあるものの，全サンプルのデータの分析結果と比較すると，北京と広州の消費者は中国発ブランドをより積極的に評価しているように見受けられる。それは，中国の携帯電話事業が国際レベルまで成長してきたためであると考えられる。ところが，上海の消費者は北京や広州の消費者ほど中国発ブランドを評価していない。考えられる理由の1つは，都市間における愛国心の強度の差があることである。中国発携帯電話のブランド評価に愛国感情はどの程度影響しているかということを今後の研究課題としたい。

　次に，性別について分析を行う。女性のデータでは，米国発ブランドの身分表示力は購買意向に及ぼす影響が10％水準で有意である（SE=.094，p= .084）。他方，男性のデータでは，米国のGB評価は購買意向に有意な影響を及ぼさない。要するに，米国発ブランドを選択する際，女性よりも男性の方がブランドの身分表示力を重視する。既に述べたように，自動車ブランドを選択するにあたり，中国人消費者は内実よりも外実を重要視する。その傾向は自動車だけでなく，多くの製品カテゴリーにおいて見られる。中国社会では，外見が商談相

124　第7章　実証研究①：グローバル・ブランド消費における原産国イメージの効果に関する国際比較研究

手や新規顧客を勝ち取る第一条件であると考えられる。頻繁に社交活動に参加するのは男性であり，ビジネスマンにとって，一般大衆にわかりやすく，社会的地位を象徴できるブランドを身にまとうことの重要性はいうまでもなかろう。

　さらに，年齢を79年前生まれ，80年後生まれと90年後生まれに分けて分析する。80年後生まれのグループでは，中国の原産国イメージはGB評価に有意な影響を及ぼさない。ブランドの身分表示力との関係において，米国発ブランドよりも中国発ブランドの方が強い影響を及ぼしている（SE中=.722, SE米=.329, |−2.190|>1.960, p<.05）。また，79年前生まれのグループでは，米国発ブランドについて，GB評価とブランドの身分表示力，また，GB評価，ブランドの身分表示力のそれぞれと購買意向との関係はいずれも有意ではない。携帯電話に対して強い関心を持つのは比較的若い世代であるため，年齢がやや高い層は米国発ブランドに対してそれほど関心を示さないことが原因であると考えられる。

　最後に，所得を10万元以下，10万元以上20万元未満と20万元以上に分けて分析する。所得が10万元以下のグループでは，中国の原産国イメージはGB評価に有意な影響を及ぼさない。同時に，米国発ブランドの身分表示力も購買意向に有意な影響を及ぼさない。それは，所得が比較的低いため，中国国内製品に比較してかなり高価である米国発のブランドを求める能力に限界が見られる結果であると考えられる。

第5節　考察

　本章は，GB消費における原産国イメージの効果に関する体系的な国際比較研究を目的とした。それに際して，先進国である米国発GBだけではなく，経済が著しく成長し，国際レベルでのブランド構築に成功している中国にも光をあてながら，両国に関する比較研究を実証的に取り組んできた。

　図7-4は仮説検証の結果の比較を図式化してまとめたものである。この図に沿いながら結果の考察を行う。まず，原産国イメージの効果について検討を

第5節 考察

図7-4 仮説検証の結果の比較

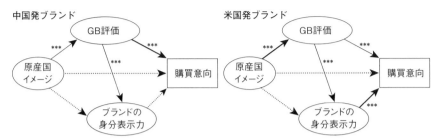

注）実線：有意，点線：非有意，太線：効果がより強い，***：0.1%有意水準

行う。原産国イメージから出発し，GB評価，ブランドの身分表示力と購買意向へ向かう3本のパスが引かれている。購買意向に向かうパスは有意ではなかったため，原産国イメージが購買意向に直接効果を与えないという，先行研究と同様な結果が得られた。他方，GB評価に向かうパスは有意であることに加え，米国の原産国イメージの方が強い効果を示している。つまり，GB評価に及ぼす影響に関しては，米国の原産国イメージは依然として強い効果を有している。

先進国のブランドを身分表示の「記号」として消費し，ブランドのパブリックな意味づけを重要視するため，中国人消費者にとって，ブランドの身分表示力は極めて重要な価値次元である。ところが，ブランドの身分表示力に向かうパスは，中国の原産国イメージのみならず，米国も有意な結果が得られなかったことが明らかにされた。この結果から，原産国イメージは先進国のブランドが評価される要因ではないことが判断される。

次に，GB評価から出発し，ブランドの身分表示力と購買意向に向かう2本のパスについて検討を行う。ブランドの身分表示力および購買意向へ向かう計4本のパスはすべて有意であることに加え，購買意向との関係においては，中国の方が強い効果が得られた。原産国イメージがGB評価に及ぼす影響に関する検証結果では，米国の原産国イメージは中国よりも強い結果となった。それに対して，GB評価と購買意向との関係において，中国が逆転し，より強い結果を見せた。この点について，先行研究を踏まえながら，さらに掘り下げて検討する。

先行研究では，発展途上国の原産国イメージは好ましいものではなく，負の固定観念として連想される傾向が強いと指摘されている（Lillis & Narayana, 1974; Reierson, 1966; Wang & Lamb, 1983）。また，原産国イメージの効果はその国家の経済発展水準に大きく依存することも強調されている（Bilkey & Nes, 1982; Wang & Lamb, 1983）。中国の原産国イメージもGB評価に有意な影響を及ぼしたことは本章が確かめた。よって，特定の国家に対して抱く原産国イメージは固定的なものではなく，経済の発展水準の向上に伴い，良いものへと転換できることが明らかにされた。この論理で考えれば，経済が急成長している市場における，先進国の原産国イメージの優位性は弱体化しつつあるといえる。さらに，GB評価と購買意向との関係では，中国発GBの方が米国よりも強い影響を及ぼした。それは，中国携帯電話事業の国際競争力やGBとしての価値が向上した結果であると考えられる。ここで，企業は競争優位を獲得するにあたり，GBの有用性を認識し，さらにその価値を創造することの重要性が示唆された。

最後に，ブランドの身分表示力から購買意向に向かうパスについて検討を行う。図7-4からわかるように，米国発ブランドの身分表示力のみが購買意向に統計的有意な影響を及ぼした。この結果から，ブランドの身分表示力こそが先進国のブランドが評価される重要な競争優位であると判断される。

本章は，中国と米国の原産国イメージとGB評価，さらにブランドの身分表示力を1つのフレームワークに導入した体系的な国際比較研究である。とりわけ，中国企業にとって，国際競争力のあるGBの創造，米国をはじめとする先進国企業にとって，ブランドの身分表示力という価値の創造は中国人消費者を勝ち取るための決定的な戦略であることが示された。

[注]

1）日本の内閣府の凡例によると，先進国を「OECD加盟国。ただし，1人あたりGDPが1万米ドル以下の国（チリ，トルコ，メキシコ）を除く」として定義し，先進国以外の国を発展途上国としている。なお，特にG20に参加する中国やインドなどといった高い経済成長を遂げている国々を「新興国」と呼ぶ。また，国際通貨基金が発表する「世界経済見通し（WEO）2016年4月：総括と要旨」においても，中国を発展途上国のなかの新興国として扱う。したがって，中国は高いスピードで経済の成長を遂げてきたものの，発展途上国の範疇を出ていない。よって，ここでは中国を発展途上国として位置づける。

第5節　考察　127

2）本実証研究の第一の目的は，「先進国のブランド」の競争優位の源泉が原産国イメージに帰属するか，それともブランドの意味づけに帰属するかを解明することである。そのために，仮説を先進国の原産国イメージとGB評価にベースをおきながら構築する。中国の原産国イメージとGBも同時に取り上げるが，それは，先進国の原産国イメージとGBの真の効果を引き出すための比較対象として設ける。なぜならば，先進国の原産国イメージは間接的に購買意向に影響を及ぼすという関係が既に立証されており，比較対象を設定しなければ，本研究も既存研究と同様な結果しか得られないと予想されるためである。なお，その比較の対象は先進国の原産国イメージと真逆の効果を生み出すと考えられる発展途上国でなければならない。また，中国経済の成長が中国の原産国イメージの向上に寄与していると予想され，さらに，中国にもGBが現れているため，中国の消費市場は大きな変化を遂げている。よって，中国の原産国イメージとブランドの効果を検証する意義も大きい。

3）原産国イメージもブランド知識の一部をなすため，原産国イメージとブランドの効果を完全に分離したうえで議論を進めていくというのは非常に難しいことである。そのため，本研究では，先行研究の取り扱いに際して，原産国イメージに焦点をあてながら議論が展開されるものを原産国イメージの研究として峻別する。

第8章

実証研究②：グローバル・ブランド消費における「面子」の影響メカニズム

　中国人の価値観の中核をなす面子という概念は人類学，社会学，社会心理学の分野でよく議論されてきた。中国人の面子は春秋時代の儒家の中心的思想である「礼」によって規定され形成されたものである。この価値観は日本の武士やヨーロッパの騎士が命をかけて守ろうとする個人の尊厳とは根本的に異なるものである。とりわけ，中国では，面子は本人のものだけではなく，家族や所属集団のものでもあるがゆえに，個人が履行すべき義務であるという認識が根づいている。

　また，米国社会における面子の価値は社会的賛同，承認，声望を求めることに中心がおかれており，社会成員によって必ずしもこれらの価値を求めるように行動するとは限らない (Riesman, 1950)。一方，中国社会において，面子を守ること，また，その喪失を回避することもさることながら，さらに重要なのは失った面子の挽回に最善を尽くすことである。なぜなら，これら一連の行為は，社会機能を有効に発揮させるための基本的な要素であるからである (Ho, 1994)。

　このように，中国人が面子というものに対して，欧米または日本社会とは基本的に異なる，独特かつ顕著な民族的特徴のある考え方や扱い方をするということは先行研究を通して確認された。このような面子を重視する価値観は消費行動，とりわけブランドの消費行動に大きな影響を及ぼしている。ところが，消費者行動研究分野に目を向けて見ると，面子の概念を援用する研究は依然として少ない (Li & Su, 2007; 姜, 2009; 宋, 2012)。

　第6章で議論した中国人消費者のブランド選択の特徴は次のようにまとめられる。中国人消費者は，①誰もが認知し評価しているブランドを選好すること，②ブランドのパブリックな意味づけに執着すること，③面子を重要視することである。面子の影響を強く受けた結果，中国人消費者はブランドの内実よ

りも外実を重要視するというブランド価値の評価基準が形成された。ゆえに，中国人消費者は，誰もが評価し，あるいは評判の良いブランドの購買に集中する。このように，中国人消費者のブランド選択様式に強く影響する根幹的な要素は面子に他ならない。

　中国人の価値観の中核には面子意識が強く働いている。この結果，消費者の購買行動において，誰もが面子を知覚できるようなブランドは優先的に選択される傾向が強く見られる。第5章においては，面子意識と面子知覚の関係を理論的に整理した。本章では，実証研究に基づき，中国人消費者のグローバル贅沢ブランド（Global Luxury Brand, 以下GLBとする）消費における面子意識とブランドの面子知覚を中心とする面子の影響メカニズムの解明を試みる。

第1節　仮説構築

　第5章で既に述べたように，消費者行動研究の分野における面子は次のようなものと考えられる。面子とは，消費者が社会集団の期待に迎合するために特定の製品やブランドを用いてイメージ装飾を行うに際し，装飾されるイメージに対して，個人が知覚する他者の評価と自己期待との一致性を判断するプロセスや結果である。

　さらに，面子意識とは，「社会活動において，人々は自らの面子を強化し，維持し，またはその喪失を回避しようとする欲望（desire）」（Bao et al., 2003, pp.736-737）である。換言すれば，面子意識とは面子の強化，維持またはその喪失の回避を求める意欲であり，その意欲が強いほど面子を獲得するためのイメージ装飾行動が積極的になると考えられる。また，ブランドの面子知覚とは，「特定の購買行動が個人や個人の所属集団に，一般大衆が認める社会的イメージをどの程度もたらすかに関する主観的評価」（宋，2012, p.4）である。要するに，ブランドの面子知覚はイメージ装飾行動に対する評価である。よって，面子意識が強いほど，面子を知覚できるブランドの購買動機も強まると考えられる。

　本章は，中国人消費者のGLB消費の行動に焦点をあてているため，GLBの評価を分析フレームワークに取り入れる必要がある。GLBは単なる製品の品質

の保証を超え，ステータスやプレステージ感も提供している（Batra et al., 2000; 李，2013; 蔡，2006; Steenkamp et al., 2003）。とりわけ，GLBが帯びるステータスやプレステージ感をはじめとする感性的価値は企業が作るものというよりも消費者によって見出されるパブリックな意味づけであるがゆえに，イメージ装飾するのに格好なものとして見受けられる。したがって，仮説1aと仮説1bを次のように考える。

　仮説1a：面子意識はブランドの面子知覚に正の影響を及ぼす。
　仮説1b：面子意識はGLB評価に正の影響を及ぼす。

　第5章で検討した面子意識と面子知覚の関係によれば，面子という価値観が強く根づいている社会において，面子意識は消費者による社会的刺激に基づく状況の定義ならびに解釈の方向性を決めている。面子意識と購買意向との間に，面子の量を計算し，その量に基づく面子が維持，獲得，または挽回できるかどうかを判断するプロセスが介在している。さらに，面子の定義に基づいて考えれば，消費者は購買意向を示す前に，装飾されるイメージに対して，他者の評価と自己期待との一致性を判断する必要がある。このように，面子意識と購買意向との間で，面子を評価し判断するステップが必要であり，よって，面子意識は購買意向に直接的な影響を及ぼさないと判断できよう。

　また，面子意識とブランドの身分表示力との関係においても同様に推論できる。面子意識が働いた結果，中国人消費者はブランドのプライベートな意味づけよりもパブリックな意味づけを中心にブランドの価値評価を行う。ブランドが身分表示力を有するかどうかを判断するに先立って，特定のブランドがパブリックな意味合いを持っているかどうかを判断する必要があろう。とりわけ，一般大衆はGLBのステータスやプレステージ感といった価値を認識しているかどうかに関する判断は重要である。したがって，仮説1cと仮説1dを次のように考える。

　仮説1c：面子意識はブランドの身分表示力に直接的な影響を及ぼさない。
　仮説1d：面子意識は購買意向に直接的な影響を及ぼさない。

　中国人は極めて「面子」を重要視し，自分自身が「何をすべきか」ではなく，他

人に「どう見られるか」を基準に行動する（姜，2009）。ナイキのシューズは成功のシンボルで，中国では1日に1.5店舗が新しくオープンしている（Solomon, 2013）。大学生が，衣食の出費を削ってまでナイキを購入するのはクラスメートの間で面子を保つためである（宋，2012）。中国人消費者による外国高級ブランド消費の動機に関する調査によると，43％の人が社会的地位を証明する目的で外国の高級ブランドを消費するという（蔡，2006）。中国人消費者は特にブランド品の占有や消費を通して他人からの良い評価という心理的満足を獲得しようとする（姜，2009）。このように，中国人消費者は特に面子にこだわりを持ち，とりわけ他人からの評価を最優先し，ブランドのパブリックな意味づけに執着する。

中国人消費者は外国の高級ブランドから高品質やプレステージ感を知覚しながら（Batra et al., 2000; Steenkamp et al., 2003），ブランドの選好性と高いブランド・ロイヤルティを払う傾向がある（Bhardwaj et al., 2010; Lin & Sternquist, 1994）。このように，GLBが高い知名度と良い評判というパブリックな意味づけを備えているがゆえに，消費者はGLBから多くの面子を知覚できる。したがって，仮説2a，仮説2b，仮説3a，仮説3b，仮説3cと仮説4を次のように考える。

仮説2a：ブランドの面子知覚はブランドの身分表示力に正の影響を及ぼす。
仮説2b：ブランドの面子知覚は購買意向に正の影響を及ぼす。
仮説3a：GLB評価はブランドの面子知覚に正の影響を及ぼす。
仮説3b：GLB評価はブランドの身分表示力に正の影響を及ぼす。
仮説3c：GLB評価は購買意向に正の影響を及ぼす。

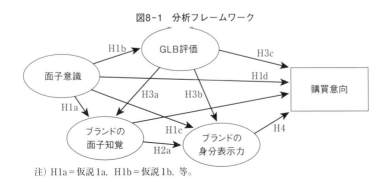

図8-1　分析フレームワーク

注）H1a＝仮説1a，H1b＝仮説1b，等。

132 第8章 実証研究②：グローバル・ブランド消費における「面子」の影響メカニズム

仮説4 ：ブランドの身分表示力は購買意向に正の影響を及ぼす。

これまでの議論に基づき，本章の分析フレームワークは図8-1のようになる。

第2節　質問票の設計とサンプルの特性

　まずは，各概念の測定尺度について検討する。本章では，面子意識，ブランドの面子知覚，GLB評価とブランドの身分表示力の4つの潜在変数と，購買意向の1つの観測変数を取り上げる。まず，各変数の測定尺度について検討する。面子意識の測定尺度は，姜（2009）と宋（2012）を参考にし，次の5項目から構成する。人の賞讃や批判を気にするか，人の態度を気にするか，尊重されると喜びを感じるか，高価な買い物ほど面子があるか，公衆の場で金銭を使いたくなるか。ブランドの面子知覚については，宋（2012）を参考にし，GLBを消費することによって，面子を感じるか，自信を感じるか，他人に見上げられるように感じるか，他人に良い印象を与えると感じるか，といった4項目からなる。

　先行研究によれば，品質信頼性，プレステージ感，高級感はGBの重要な構成次元である（Batra et al., 2000; Erdem et al., 2006; Rosenbloom & Haefner, 2009; 蔡，2006; Steenkamp et al., 2003）。とりわけ，中国をはじめとする発展途上国の消費者の購買意欲を引き立てるのにこれらの次元は重要な役割を果たす。よって，本章では，これらの次元をGLB評価の構成要素として採用する。さらに，中国人消費者は知名度の高いブランドを集中的に消費するという消費特性を考慮し，ブランドのグローバル性知覚をGLB評価の尺度に追加する。なぜなら，GBである以上，知名度が高いと推測されやすいためである。グローバル性知覚は，Steenkamp et al.（2003）を採用し，世界範囲で流通しているか，世界のどこでも購買できるかの2項目から構成する。また，ブランドの身分表示力については，Jeff Wang & Melanie（2006）を採用し，貧富の差の表示力と身分地位の表示力の2項目から構成する。購買意向に関しては，当該GLBを購買したいかという質問で尋ねる。7段階のリッカート・スケールを採用し，被験者に各質問項目の内容に対する賛同度を示すよう求めた。詳細なアンケート

第2節　質問票の設計とサンプルの特性　133

表8-1　アンケート調査の質問項目

変　数	質　問　項　目
面子意識	他人の賞賛や批判を気にするか 他人の態度を気にするか 尊重されると喜びを感じるか 高価な買い物ほど面子があるか 公衆の場で金銭を使いたくなるか
ブランドの面子知覚	GLBの消費によって，面子が感じられる GLBの消費によって，自信が感じられる GLBの消費によって，他人に見上げられると感じられるか GLBの消費によって，他人に良い印象を与えられると感じられるか
GLB評価	GLBは世界範囲で流通していると思うか GLBは世界のどこでも購買できると思うか GLBは品質が良く，信頼に値すると知覚されるか GLBはプレステージ感が知覚されるか GLBはハイエンド，高級品であると知覚されるか
ブランドの身分表示力	GLBは貧富の差を表示できると思うか GLBは身分地位を表示できると思うか
購買意向	GLBを購買したいか

調査の質問項目は表8-1に示している。

　次に，調査票デザインの特徴について述べる。Dimofte et al.（2008），Rosen-bloom & Haefner（2009）らの指摘にあるように，特にブランドのグローバル性知覚において，企業による押し付けではなく，消費者がグローバル性を認識しているかどうかがGBを判断する重要なポイントとなる。これに基づき，本章でのGBは，単なる企業が掲げているものではなく，消費者が実際にそのグローバル性を認知しているものに焦点をあてる。加えて，中国市場が巨大であり，地域，年齢，性別などによってそれぞれが関心を持つGLBに大きな違いが見られる。これらの要因を総合的に考慮した結果，アンケート調査を実施する際，ブランド名を事前に指定して回答させるよりも，被験者に自ら知覚するGLBを指定させたうえで回答させるという方式の方が合理性と妥当性が高まると考えられる。そのため，本章では後者の調査手法を採用する。

　さらに，調査対象となる地域について検討する。中国人消費者の行動に関する調査は，主に北京，上海や広州など経済が発展している都市に集中する（e.g., Li et al., 2011; 李, 2013）。ところが，中国の中産階層はこういった都市のみならず，全国範囲で拡大している。加えて，中国市場は巨大性とモザイク性を同時

134　第8章　実証研究②：グローバル・ブランド消費における「面子」の影響メカニズム

表8-2　サンプルの特性

プロフィール項目		サンプル数	パーセント
性　別	男性	152	42.82%
	女性	203	57.18%
年　齢	1979年以前生	55	15.49%
	1980年後生	117	32.96%
	1990年後生～1995年	183	51.55%
学　歴	高専	55	15.49%
	大学	274	77.18%
	修士/博士	26	7.32%
世帯収入	10万元未満	187	52.68%
	10万～20万元未満	108	30.42%
	20万元～	60	16.90%

に持ち合わせる市場であるため（川端, 2009）, その市場や消費者行動の全体像を理解するには, まだ調査がよく行われていない都市をも視野に入れる必要がある。よって, 今回の調査は福建省の省都である福州市に焦点をあてる。

　中国では, 福建省は広東省に次ぐ2番目に大きい僑郷（華僑の故郷）として位置づけられる。福建省の人々は古くから海外に赴き, 国内に残される家族を含め海外の製品に接触する頻度が高いため, 比較的ブランド知識を保有している消費者層であると考えられる。江戸時代に長崎の出島に設けられた唐人館には福州からの貿易商人が来日していた（小木, 2001）。また, 福建省では, 清末から民国にかけての時期において海外への移民・出稼ぎが盛んに行われていた（山本, 2014）。世界各地に移住した華僑華人のなかで, 福建省出身者は推計では全体の31%を占めており, その数は約1033.5万人, 世界160余りの国と地域に及んでいるという（小木, 2001）。

　調査の質問票はアンケート調査会社によってインターネット経由で被験者に配布し, 調査は2015年8月下旬から9月上旬にかけて実施し, 355サンプルを回収できた。サンプルの特性は表8-2に示している。

第3節　仮説検証

　仮説を検証するに先立って, 探索的因子分析と確認的因子分析を用いて構成

第3節　仮説検証　　135

概念の妥当性を検証する。まず，最尤法・プロマックス回転による探索的因子
分析にかける。因子分析を複数回実施した結果，面子意識の構成項目のうち因
子負荷量が低い3項目を削除することにした。因子分析の結果と信頼性係数は
表8-3に示しており，各構成概念の信頼性係数は0.831以上あり，高い内的整
合性を保持している。また，表8-4は各変数の平均値と標準偏差を示し，表
8-5は変数間の相関関係を示している。

　次に，SPSS社のAmos23を用いて確認的因子分析を行う。モデルの適合度
はGFI（.90以上），AGFI（.90以上），CFI（.95以上）とRMSEA（.08未満採用可, .05
未満で非常に良い適合）を用いて検討する（Hair et al., 1998; 豊田，2007）。な
お標本数が大きい場合，χ^2検定が棄却されやすいため，Hoelter（0.05）の値を
参考にし，この値が標本数を下回る場合，χ^2検定が棄却されても問題ないとす
る（豊田，2007）。

　モデルの適合度に関しては，χ^2検定（df=59, CMIN=145.451）のp値は.000,
GFI=.940，AGFI=.907，CFI=.969，RMSEA=.064，Hoelter（.05）=190（＜n=
355）となり，Hoelterの数値がサンプル数を下回ったためp値が棄却されても
問題ない。非常によい適合度である。表8-6は確認的因子分析の結果である。

　共分散構造分析は観測変数と潜在変数（構成概念）の両方を扱い，その因果
関係を明らかにすることができる，因子分析と回帰分析を一体にした分析手法
である（山本，1999）。本章が取り上げた変数には4つの潜在変数と1つの観測
変数がある。よって，本章は共分散構造分析を採用する。SPSS社のAmos23
を使用し最尤法による分析を行う。共分散構造分析モデルの適合度は，χ^2検
定（df=68, CMIN=159.304）のp値は.000，GFI=.939，AGFI=.906，CFI=.968，
RMSEA=.062，Hoelter（.05）=197（＜n=355）となり，Hoelterの数値がサンプ
ル数を下回ったためp値が棄却されても問題ない。非常によい適合度であっ
た。図8-2は共分散構造分析の結果であり，表8-7は仮説検証の結果をまと
めている。

　仮説1aは面子意識とブランドの面子知覚との関係を問うものであり，検証
の結果では5％有意水準で正の効果が示されている。よって，仮説1aが支持
される。仮説1bは面子意識とGLB評価との関係についてであり，検証の結果
では，0.1％有意水準で正の効果が示されている。よって，仮説1bも支持され

136　第8章　実証研究②：グローバル・ブランド消費における「面子」の影響メカニズム

表8-3　探索的因子分析の結果と信頼性係数

採択された項目	GLB評価	ブランドの面子知覚	面子意識	ブランドの身分表示力	クロンバックのα
品質信頼	.854				
高級感	.846				
プレステージ	.827				.890
流通	.716				
購買	.673				
印象知覚		.905			
見上げ知覚		.887			
自信知覚		.792			.909
面子あり		.788			
賞讃や批評			.975		.831
他人の態度			.725		
身分地位				1.035	.871
貧富の差				.693	

注) 因子抽出法·最尤法, 回転法：Kaiserの正規化を伴うプロマックス法

表8-4　各変数の平均値と標準偏差

変　数	平均値	標準偏差	変　数	平均値	標準偏差
賞讃や批評	4.972	1.336	流通	5.896	1.032
他人の態度	5.090	1.257	購買	5.623	1.124
面子有り	4.555	1.340	品質信頼	5.586	1.138
自信知覚	4.772	1.263	高級感	5.763	1.079
見上げ知覚	4.490	1.328	プレステージ	5.896	1.141
印象知覚	4.648	1.314	貧富の差	5.439	1.277
購買意向	5.254	1.352	身分地位	5.369	1.285

表8-5　変数間の相関関係

	賞讃や批評	他人の態度	面子有り	自信知覚	見上げ知覚	印象知覚	流通	購買	品質信頼	プレステージ	高級感	貧富の差	身分地位	購買意向
賞讃や批評	1.000													
他人の態度	.712	1.000												
面子有り	.174	.146	1.000											
自信知覚	.209	.202	.656	1.000										
見上げ知覚	.134	.158	.693	.697	1.000									
印象知覚	.121	.107	.723	.719	.792	1.000								
流通	.211	.247	.073	.086	.114	.115	1.000							
購買	.108	.172	.061	.108	.130	.124	.640	1.000						
品質信頼	.121	.230	.075	.101	.114	.103	.618	.560	1.000					
プレステージ	.207	.322	.073	.121	.106	.136	.629	.495	.678	1.000				
高級感	.185	.276	.054	.136	.119	.081	.597	.492	.700	.787	1.000			
貧富の差	.199	.218	.238	.266	.266	.276	.382	.307	.384	.481	.453	1.000		
身分地位	.108	.161	.265	.250	.243	.308	.351	.243	.370	.465	.450	.772	1.000	
購買意向	.168	.181	.268	.315	.240	.337	.300	.227	.337	.403	.359	.413	.377	1.000

第3節　仮説検証　137

表8-6　確認的因子分析の結果（標準化係数）

	面子意識	ブランドの面子知覚	GLB評価	ブランドの身分表示力
賞賛や批評	.720			
他人の態度	.989			
自信知覚		.803		
面子有り		.802		
見上げ知覚		.871		
印象知覚		.903		
流通			.740	
購買			.626	
品質信頼			.801	
プレステージ			.875	
高級感			.867	
身分地位				.866
貧富の差				.891
相関係数	面子意識	ブランドの面子知覚	GLB評価	ブランドの身分表示力
面子意識		.171	.331	.222
ブランドの面子意識			.149	.355
GLB評価				.581

表8-7　仮説検証の結果

パラメータ	標準化推定値	標準誤差	検定統計量	確率	仮説	検証結果（有意確率）
ブランドの面子知覚　←　面子意識	.138	.073	2.317	.020	仮説1a	支持（5.0%）
GLB評価　←　面子意識	.332	.046	5.668	***	仮説1b	支持（0.1%）
ブランドの身分表示力　←　面子意識	−.002	.058	−.035	.972	仮説1c	支持
購買意向　←　面子意識	.010	.070	.208	.835	仮説1d	支持
ブランドの身分表示力　←　ブランドの面子知覚	.274	.048	5.348	***	仮説2a	支持（0.1%）
購買意向　←　ブランドの面子知覚	.226	.060	4.310	***	仮説2b	支持（0.1%）
ブランドの面子知覚　←　GLB評価	.103	.096	1.662	.097	仮説3a	支持（10.0%）
ブランドの身分表示力　←　GLB評価	.540	.090	8.690	***	仮説3b	支持（0.1%）
購買意向　←　GLB評価	.264	.117	4.013	***	仮説3c	支持（0.1%）
購買意向　←　ブランドの身分表示力	.215	.083	3.173	.002	仮説4	支持（1.0%）

る。仮説1cは面子意識とブランドの身分表示力との関係，仮説1dは面子意識と購買意向との関係を問うものであり，検証の結果ではいずれも有意水準に達していない。よって，仮説1cも仮説1dも仮説通りの結果となる。

　仮説2aはブランドの面子知覚とブランドの身分表示力との関係，仮説2bは

第8章 実証研究②：グローバル・ブランド消費における「面子」の影響メカニズム

図8-2 共分散構造分析の結果

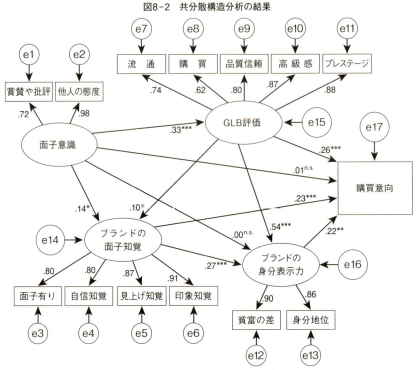

注）***：p＜.001，**：p＜.01，*：p＜.05，⁎：p＜.10，n.s.：有意差なし

ブランドの面子知覚と購買意向との関係を問うものである。いずれも0.1％有意水準で正の結果が得られた。よって，仮説2aと仮説2bも支持される。

仮説3aはGLB評価とブランドの面子知覚との関係についてであり，10％有意水準という非常に弱いものであるが，有意な結果が得られた。よって，仮説3aも支持される。また，仮説3bはGLB評価とブランドの身分表示力，仮説3cはGLB評価と購買意向との関係を問うものである。いずれも0.1％有意水準で正の効果が示されている。よって，仮説3bと仮説3cは支持される。仮説4はブランドの身分表示力と購買意向との関係を問うものであり，検証の結果では，1％有意水準で正の関係が示されている。よって，仮説4も支持される。

第4節　考察

　本章は，中国人の価値観の中核をなす面子に光をあてている。消費者行動研究の視点から面子の中心概念である面子意識とブランドの面子知覚に焦点をあてながら，面子の影響メカニズムを解明してきた。

　まず，面子意識と各変数との関係について検討する。面子意識とブランドの面子知覚，GLB評価，ブランドの身分表示力，購買意向との関係に関する仮説は，第5章で検討したハワード＝シェスモデルと陳（1988＝2012）の理論研究に基づいて構築したものである。陳（1988＝2012）が主張する面子の情報処理システム（図5-4）の特徴は，社会的刺激と反応システムの間に，情報計量システムと判断比較システムという2つのサブシステムによって構成される認知システムが介在している点である。

　Greenwald & Leavitt（1984）が提唱する消費者の情報処理のプロセスでは，前注意処理は消費者が無意識的に外界から情報を広範囲にわたって素早く自動的処理するプロセスであるのに対して，焦点的注意は特定の刺激に注意が焦点化され，刺激の同定，カテゴリー化が行われるプロセスである。消費者は社会環境において刺激もしくは情報を収集する時に焦点化されるものだけに注意を払う。また，人間の認知システムには情報処理容量の制限があるため，非常に限られた刺激だけは注意が払われる。面子意識はこの焦点化注意に非常に大きな影響を及ぼすと考えられる。面子が価値観の中核をなす文脈において，特定の消費行動は面子の維持，獲得または挽回に効果をもたらすことができるかどうかに関心が向けられる。ゆえに，陳（1988＝2012）は，面子の計算と計算結果に基づく面子の判断から構成される認知システムの存在と重要性を強調している。このように，面子が強調される文脈における情報処理のプロセスのなかで，面子に関連する情報が意識的・無意識的に収集され，処理されるため，面子意識は消費者の情報処理に方向性を与える社会環境要因の1つとして捉えられる。

　図5-4に示されるように，社会的刺激と反応システムとの間に，面子事情の形成と面子の量の計算からなる情報計量システムと，面子の量の計算結果に基づきながら面子の維持，獲得または挽回ができるかどうかという判断比較シス

140　第8章　実証研究②：グローバル・ブランド消費における「面子」の影響メカニズム

テムは介在している。本章は，面子意識はGLBの評価やブランドの面子知覚に有意な影響を及ぼす一方で，購買意向やブランドの身分表示力に直接効果を及ぼさないことを明らかにした。つまり，消費者行動研究の視点から陳（1988＝2012）の論理を検証した。また，この結果は，Ｓ－Ｏ－Ｒモデルで強調されているＯすなわち有機体による製品やブランドに対する認知や評価というプロセスの重要性を反映するものでもある。

　次に，ブランドの面子知覚とGLB評価からブランドの身分表示力へ向かうパスに着目する。中国人消費者はブランドのプライベートな意味づけよりもパブリックな意味づけ，すなわちブランドの身分表示力に強い関心を持っている。検証の結果では，ブランドの面子知覚もGLB評価もブランドの身分表示力に統計的に有意な影響を及ぼすことが解明された。さらに，両者の標準化推定値を見ると，ブランドの面子知覚は.274 であるのに対して，GLB評価は.540 となる。よって，ブランドの面子知覚よりもGLB評価はブランドの身分表示力に強い影響を及ぼすことが明らかにされた。

　最後に，面子意識からブランドの面子知覚およびGLB評価へ向かうパスの標準化推定値を見ると，ブランドの面子知覚は.138 であるのに対して，GLB評価は.332 となっており，面子意識はGLB評価へ強い影響を及ぼすことが確認された。また，GLB評価からブランドの面子知覚へ向かうパスは 10％有意水準でかなり弱い効果を示している。よって，ブランドの身分表示力の評価やブランドの購買意欲の喚起におけるGLB評価という価値次元の重要性が示唆された。

　第5章では，消費者行動研究の代表であるＳ－Ｏ－Ｒモデルにあてはめながら面子意識と面子知覚を中心に面子の影響メカニズムが論じられた。本章はその理論研究をベースに，面子意識と面子知覚との関係や，この2つの概念が消費者行動への影響メカニズムを実証的に解明してきた。消費者行動研究に面子概念を導入する研究であり，面子の働きを検証する土台研究として位置づけられる。とりわけ，面子意識を強く持つ中国人消費者を惹きつけるのに，面子を活用するマーケティングやブランディング戦略の有効性と重要性が示唆された。

第9章

結　論

第1節　本書のまとめと理論的インプリケーション

　本書の内容をまとめながら，それぞれの議論から導かれた貢献点を示していく。

　中国人消費者の日本におけるインバウンド消費の拡大と中国国内における中産階層の規模の拡大が相まって，中国市場ならびに中国人消費者の魅力が高まる一方である。こうした環境のなか，中国市場でビジネスを展開し，または自国市場で中国人消費者を惹きつけるために，企業がどのようなマーケティング戦略を打ち出すべきかが急務の課題となっている。市場や消費者を勝ち取るには，現地市場の状況ならびに現地消費者の行動特徴を的確に理解することが大前提となる。

　本書はこういった問題意識から出発し，先行研究を踏まえたうえで，中国市場ならびに中国人消費者の消費行動の特徴を実証研究によって解明してきた。その際，ブランドの身分表示力と面子の概念を新たに分析フレームワークに導入することにした。新たな試みであるがゆえに，新たな知見の提供が期待される。ここで，原産国イメージとGB評価との関係，GLB消費における面子の影響の順に検討を行う。

　原産国イメージとGB評価との関係を検討するにあたり，まず，経済成長と原産国イメージの効果の変化について見ていく。経済成長に伴い，中国は国際社会での地位が高まりつつある。経済的地位の変化が原産国イメージの効果に影響を及ぼすことは，中国の原産国イメージがGB評価に統計的有意な影響を及ぼしたことから確認できよう。加えて，米国のGB評価に比較して，中国のGB評価の方が購買意向に強い影響を及ぼすことが示された。よって，中国人消費者が中国発GBを選好する傾向が読み取れる。

142 第9章 結論

　上記の議論を踏まえながら，原産国イメージの効果を次のようにまとめられる。つまり，原産国イメージは製品の評価に依然として効果を持つが，その効果は米国だけでなく，中国の原産国イメージにも見られるものである。米国の原産国イメージも購買意向に有意な影響を及ぼさないことも加えて総合的に考えると，先進国の原産国イメージの効果が弱まりつつあり，よって，原産国イメージは先進国のブランドに競争優位をもたらす源泉ではないことが判断される。

　次に，原産国イメージの効果を検証する分析フレームワークに新たに導入されたブランドの身分表示力の効果について検討を行う。中国ブランドの身分表示力は購買意向に有意な影響を及ぼさないが，米国ブランドの身分表示力は購買意向に強い有意な影響を及ぼした。中国と同様に，米国の原産国イメージもブランドの身分表示力に有意な影響を及ぼさないことと合わせて考えると，ブランドの身分表示力という価値次元は中国のブランドと米国のブランドと差別化を図る競争優位の源泉であると判断できる。つまり，中国人消費者が中国のブランドよりも，「先進国のブランド」を積極的に消費する動機は，先進国のブランドが帯びるパブリックな意味づけである身分表示力を獲得したいためであるといえる。

　続いて，GLB消費における面子の影響メカニズムについて検討を行う。まずは，面子意識の影響メカニズムについて論じる。面子意識は情報の選択やブランドの評価に影響するものの，購買の反応に直接的に影響しないことはハワード＝シェスモデルと陳（1988＝2012）の理論研究を援用し論証した結果である。この理論研究の成果を実証研究によって検証された結果，面子意識は面子の量の計算や判断のプロセスに相当するブランドの面子知覚やGLB評価に影響を及ぼすものの，反応プロセスに相当するブランドの身分表示力や購買意向に有意な影響を及ぼさなかった。つまり，面子意識は直接的ではなく，GLB評価またはブランドの面子知覚を媒介したうえで間接的に購買意向に影響を及ぼすというメカニズムが確認された。

　また，面子意識→GLB評価→ブランドの身分表示力，面子意識→ブランドの面子知覚→ブランドの身分表示力という流れに着目すると，面子意識がGLB消費に強い影響を及ぼすことが確かめられる。

　次に，ブランドの面子知覚とGLB評価がブランドの身分表示力に及ぼす影響

について検討を行う。中国人消費者はGLB消費において，ブランドの身分表示力という価値次元が非常に重要視する。検証の結果，GLB評価の方がブランドの身分表示力に強い影響を及ぼした。よって，中国人消費者の面子消費におけるGLB評価の有効性と重要性が確認されたといえる。

第2節　実務的インプリケーション

　まず，原産国イメージとGBの効果について検討を行う。中国の原産国イメージはGB評価に有意な影響を及ぼし，米国に比較して中国のGB評価が購買意向により強い影響を及ぼした。中国のブランドが世界に進出することは熱狂的ともいえる国民の願望である（王，2011）。つまり，中国人消費者は愛国感情が強い消費者であり，中国原産のブランドが世界トップの座を獲得することに対して大きな期待を抱いている。よって，中国企業は，消費力の強さが世界中で注目されている自国消費者の支持を獲得するには，国際市場で戦える品質を有するGBを育成することが得策であろう。

　他方，中国の経済成長と中国発GBの台頭に伴い，欧米先進国発原産国イメージとGB評価といった価値次元の競争優位性は縮小傾向にある。一方，ブランドの身分表示力は米国発ブランドが中国との差別化を図る競争優位の源泉である。よって，米国企業は，愛国感情を強く抱いている中国人消費者を惹きつけるには，単なる先進国の原産国イメージを優位性として強調するには大いに限界がある。より重要なのは，ブランドの身分表示力という価値を創造し提供することである。中国市場や中国人消費者向けのブランド戦略やコミュニケーション戦略を展開するにあたり，ブランドの身分表示力という価値をいかにブランドの価値体系に組み入れ，効果的に伝達していくかが勝敗を分ける鍵となる。

　次に，GLB消費における面子の影響について検討を行う。中国人消費者はGLBの消費に大金を惜しまない。これは面子により影響された結果であるといえよう。面子は中国特有の儒家思想に影響され形成されたものであり，中国人の価値観の中核をなすものであるがゆえに，消費者行動に強い影響を及ぼす社会環境要因として極めて重要である。そのため，中国人消費者向けのブラン

ディング戦略を展開するにあたり，面子の中心概念である面子意識と面子知覚を活用し強調する取り組みが得策であるといえる。面子関連の消費プロセスにおいて，面子の量の計算と，面子が維持，獲得，または挽回できるかどうかに関する判断からなる情報処理判断のプロセスの存在とその影響メカニズムを理解しておくことが重要である。そのうえで，ブランディング戦略が計画され実行されると，効率性や効果の高い成果が得られやすくなると考えられる。

また，面子文脈においてGLB評価が重要な価値次元である。面子意識が強く働くため，面子の得失がブランド評価の基準としてしばしば用いられる。グローバル性知覚，品質信頼性，高級感，プレステージ感が高く評価されるブランドは面子を向上させる効果が顕著であるため，高級感を強調するようなプレミアム価格戦略が功を奏する。中国では，面子を活用するコミュニケーション戦略がよく見られるようになってきた。例えば，ギフト用という使用場面を設定したうえで，ブランドと，ギフトの送り手と受け手の面子とを関連づけるようなシーンを設計するテレビ広告がある。したがって，中国市場や中国人消費者向けのブランディング戦略やコミュニケーション戦略を展開するにあたり，面子を知覚できるような価値設計と価値伝達が極めて重要である。

第3節　残された研究課題

まず，原産国イメージとGB消費に関する課題を検討する。中国の原産国イメージがGB評価に正の影響を及ぼすことに加え，米国に比較して中国のGB評価が購買意向に，より強い影響を及ぼした。ところが，この結果は王（2011）が提唱する新ブランド・ナショナリズムによって影響される可能性が否定できない。王（2011）は，海外に渡れるほど強いブランドになるには，中国本土でスーパーブランドでなければならないことを主張し，それを新しく生まれた「ブランド・ナショナリズム」と呼んでいる。そのため，今後の研究では，ブランド・ナショナリズムの要素を取り入れ，GB消費におけるナショナリズムの影響を明らかにしたい。

原産国イメージの実証研究では，中国の原産国イメージとGBの効果を検証

第3節　残された研究課題　145

するにあたり，中国人消費者のデータだけを収集し分析に取り入れた。中国人消費者は愛国感情や新ナショナリズムによる影響を受けやすいため，中国の原産国イメージやGBの効果が過大に評価される可能性が否定できない。今後の研究では，先進国の消費者による中国の原産国イメージとGBの効果を評価するデータを収集し，各価値次元の影響力に関する体系的国際比較研究を試みたい。

　先進国といっても，米国以外に，日本や欧州地域があり，国によって，消費者の価値観や行動様式に影響を与える歴史，伝統，文化などが異なる。その結果，原産国イメージとGBの効果にも相違が秘められている。今後，理論の精緻化を図るべく，日本や欧州地域の原産国イメージとGBを取り入れる国際比較研究を試みたい。

　次に，面子の影響に関する課題を検討する。まず，製品クラスについて，本章の実証研究では，GLBというハイエンドブランドを取り上げた。ところが，面子の影響はGLBだけでなく，一般の製品クラスにも見られると思われる。また，原産国イメージも面子評価の影響要素として十分に考えられる。よって，国別，製品クラス別の国際比較研究が必要となる。

　また，中国人消費者だけを調査の対象とした。面子は個人主義の文化よりも集団主義の文化の産物であると指摘される。つまり，面子は中国人だけが持つ価値観ではない。ところが，同じ集団主義の文化におかれても，異なる面子文化が形成される。先進国かつ集団主義であり，中国との文化的類似性が高い日本との国際比較を通して，中国的面子の本質的特徴や消費者行動への影響をより明確的，具体的に理解できるのである。

　さらに，面子意識は状況に応じて変化すると一般的に認識されている。例えば，一般用とギフト用の購買行動において，面子意識の強度が大きく異なり，ギフト用の購買行動では面子がより意識される。このように，状況要因は面子の影響を調整する重要な変数である。消費者行動研究における面子の影響メカニズムの精緻化を図るために，状況要因を特定したうえで，状況別に面子効果に関する全面的な比較研究が欠かせない。

　これらを今後の研究課題とする。

参考文献

Aaker, D. A. (1991). *Managing Brand Equity: Capitalizing on the Value of a Brand Name.* New York: Free Press. (陶山計介訳『ブランド・エクイティ戦略：競争優位をつくりだす名前，シンボル，スローガン』ダイヤモンド社，1994).

Aaker, D. A. (1996). *Building Strong Brands.* New York: Free Press. (陶山計介・小林哲・梅本春夫・石垣智徳訳『ブランド競争の戦略』ダイヤモンド社，1997).

Aaker, D. A. (2004). *Brand Portfolio Strategy.* New York: Free Press. (阿久津聡訳『ブランド・ポートフォリオ戦略』ダイヤモンド社，2005).

Aaker, D. A. & Keller, K. L. (1990). Consumer Evaluations of Brand Extensions. *Journal of Marketing,* 54(1), pp.27-33.

Aaker, D. A. & Myers, J. G. (1975). *Advertising Management,* Englewood Cliffs, N. J.: Prentice-Hall. (野中郁次郎・池上久訳『アドバタイジング・マネジメント』東洋経済新報社，1977).

Agarwal, S. & Sikri, S. (1996). Country Image: Consumer Evaluation of Product Category Extensions. *International Marketing Review,* 13(4), pp.23-39.

Albert, S. & Whetten, D. (1985). Organizational Identity. *Research in Organizational Behavior,* 7, pp.263-295.

Allen, C. T., Fournier, S. & Miller, F. (2008). Brands and Their Meaning Makers. In Haugtvet, C. P., Herr, P. M. & Kardes (eds.), *Handbook of Consumer Psychology,* New York: Lawrence Erlbaum Associates, pp.781-822.

Amonini, C., Keogh, J. & Sweeney, J. C. (1998). The Dual Nature of Country-of-Origin Effects: A Study of Australian Consumers' Evaluations. *Australasian Marketing Journal,* 6(2), pp.13-27.

Balmer, J. M. T. (1999). Corporate Identity. In Baker, M. J., *The IEBM Encyclopedia of Marketing,* London: International Thomson Business Press, pp.732-746.

Balmer, J. M. T. (2001). The Three Virtues and Seven Deadly Sins of Corporate Branding. *Journal of General Management,* 27(1), pp.1-17.

Balmer, J. M. T. & Gray, E. R. (2003). Corporate Brands: What are They? Whof of Them?. *European Journal of Marketing,* 37(7/8), pp.972-997.

Balmer, J. M. T. & Greyser, S. A. (2006). Corporate Marketing: Integrating Corporate Identity, Corporate Branding, Corporate Communications, Corporate Image and Corporate Reputation. *European Journal of Marketing,* 40(7/8), pp.730-741.

Bao, Y. Q., Zhou, K. Z. & Su, C. (2003). Face Consciousness and Risk Aversion: Do They Affect Consumer Decision-making?. *Psychology & Marketing,* 8(20), pp.733-747.

Barney, J. B. & Stewart, A. C. (2009). Organizational Identity as Moral Philosophy: Competitive Implications for Diversified Corporations. In Schultz, M., Hatch, M. J. & Larsen, M. H., *The Expressive Organization: Linking Identity, Reputation, and the Corporate Brand,* New York: Oxford University Press, pp.36-47.

Barron, J. & Hollingshead, J. (2004). Brand Globally, Market Locally. *Journal of Business Strategy,* 25(1), pp.9-15.

Bartels, R. (1988). *The History of Marketing Thought.* Columbus, Ohio: Publishing Horizons. (山中豊国訳『マーケティング学説の発展』ミネルヴァ書房，1993).

参考文献　　147

Batra, R., Ramaswamy, V., Alden, D. L., Steenkamp, J-B. E. M. & Ramachander, S. (2000). Effects of Brand Local and Nonlocal Origin on Consumer Attitudes in Developing Countries. *Journal of Consumer Psychokogy*, 9(2), pp.83-95.

Belk, R. W. (1988). Possessions and the Extended Self. *Journal of Consumer Research*, 15 (September), pp.139-168.

Bengtsson, A., Bardhi, F. & Venkatraman, M. (2010). How Global Brands Travel with Consumers. *International Marketing Review*, 27(5), pp.519-540.

Bhardwaj, V., Kumar, A & Kim, Y-K. (2010). Brand Analyses of U.S. Global and Local Brands in India. *Journal of Global Marketing*, 23, pp.80-94.

Bilkey, W. J. & Nes, E. (1982). Country-of-Origin Effects on Product Evaluations. *Journal of International Business Studies*, 13(1), (Spring/Summer), pp.89-99.

Boulding, K. E. (1956). *The Image: Knowledge in Life and Society*, Ann Arbor: University of Michigan Press. (大川信明訳『ザ・イメージ：生活の知恵・社会の知恵』誠信書房, 1970 年).

Brodowsky, G. H., Tan, J. & Meilich, O. (2004). Managing Country-of-Origin Choices: Competitive Advantages and Opportunities. *International Business Review*, 13, pp.729-748.

Brown, P. & Levinson, S. C. (1987). Politeness: Some Universals in Language Usage. London: Cambridge University Press (田中典子監訳『ポライトネス　言語使用における，ある普遍現象』研究社, 2011).

Butler, R. S. (1917). *Marketing Methods*. New York: Alexander Hamilton Institute.

Cateora, P. R. & Graham, J. L. (2007). *International Marketing*. New York: McGraw-Hill Irwin.

Chan, T-S., Cui, G. & Zhou, N. (2009). Competition Between Foreign and Domestic Brands: A Study of Consumer Purchases in China. *Journal of Global Marketing*, 22(3), pp.181-197.

Chan, K. & Prendergast, G. (2007). Materialism and Social Comparison among Adolescents. *Social Behavior and Personality*, 35(2), pp.213-228.

Chao, P.(1993). Partitioning Country-of-Origin Effects: Consumer Evaluations of a Bi-National Product. *Journal of International Business Studies*, 24(2), pp.291-306.

Cheng, C-Y. (1986). The Concept of Face and Its Roots. *Journal of Chinese Philosophy*, 13, pp.329-348.

Colley, R. H. (1961). *Defining Advertising Goals for Measured Advertising Results*. New York: Association of National Advertiser. (八巻俊雄訳『目標による広告管理』ダイヤモンド社, 1966).

Copeland, M. T. (1924). *Principles of Merchandising*. Chicago: A. W. Shaw.

Cova, B., Pace, S. & Park, D. (2007). Global Brand Communities across Borders: The Warhammer Case. *International Marketing Review*, 24(3), pp.313-329.

Dimofte, C., Johansson, J & Ronkainen, I. (2008). Cognitive and Affective Reactions to Global Brands. *Journal of International Marketing*, 16(4), pp.113-135.

Douglas, S. P., Craig, C. S & Nijssen, E. J. (2001). Integrating Branding Strategy across Markets: Building International Brand Architecture. *Journal of International Marketing*, 9(2), pp.97-114.

Douglas, S. P. & Wind, Y. (1987). The Myth of Globalization. *Columbia Journal of World Business*, Winter, pp.19-29.

Dowling, G. R. (1994). *Corporate Reputations: Strategies for Developing the Corporate Brand*. London: Kogan Page.

Doyle, P., Saunders, J. & Wong, V. (1986). A Comparative Investigation of Japanes Marketing Strategies in the British Market. *Journal of International Business Studies*, 17(1), pp.27-46.

Dukeirich, J. M. & Carter, S. M. (2009). Distorted Image and Reputation Repair. In Schultz, M.,

148　参考文献

Hatch, M. J. & Larsen, M. H., *The Expressive Organization: Linking Identity, Reputation, and the Corporate Brand*, New York: Oxford University Press, pp.97-114.

Elinder, E. (1961). How International Can Advertising Be?. *The International Advertiser*, 2 (Dec.), pp.12-16.

Erdem, T. & Swait, J. (1998). Brand Equity as a Signaling Phenomenon. *Journal of consumer psychology*, 7(2), pp.131-157.

Erdem, T., Swait, J. & Valenzuela, A. (2006). Brands as Signals: A Cross-country Validation Study. *Journal of Marketing*, 70(1), pp.34-49.

Erickson, C. M., Johansson, J. K. & Chao, P.(1984). Image Variables in Multi-Attribute Product Evaluations : Country-of-Origin. *Journal of Consumer Research*, 11(2), pp.694-699.

Escalas, J. E. & Bettman, J. R. (2005). Self-Construcl, Reference Groups, and Brand Meaning. *Journal of Consumer Research*, 32, pp.378-389.

Fombrun, C. & Van Riel, C. (1997). The Reputational Landscape. *Corporate Reputation Review*, 1(1-2), pp.5-13.

Fombrun, C. J. & Rindova, V. P.(2009). The Road to Transparency: Reputation Management at Royal Dutch/Shell. In Schultz, M., Hatch, M. J. & Larsen, M. H., *The Expressive Organization: Linking Identity, Reputation, and the Corporate Brand*, New York: Oxford University Press, pp.77-96.

Fournier, S. (1998). Consumers and Their Brands: Development Relationship Theory in Consumer Research. *Journal of Consumer Research*, 24 (Mar.), pp.343-373.

Gaedeke, R. (1973). Consumer Attitudes toward Products "Made in" Developing Countries. *Journal of Retailing*, 49(2), pp.13-24.

Gardner, B. B. & Levy, S. J. (1955). The Product and the Brand. *Harvard Business Review*, Mar.-Apr., pp.33-39.

Greenwald, A. G. & Leavitt, C. (1984). Audience Involvement in Advertising: Four Levels. *Journal of Consumer Research*, 11, pp.581-592.

Greyser, S. A. (1999). Advancing and Enhancing Corporate Reputation. *Corporate Communications: an International Journal*, 4(4), pp.177-181.

Grunig, J. (1993). Image and Substance: From Symbolic to Behavioral Relationships. *Public Ralations Review*, pp.121-139.

Gylling, C. & Lindberg-Repo, K. (2006). Investigating the Links between a Corporate Brand and a Customer Brand. *Journal of Brand Management*, 13(4/5), pp.257-267.

Hair, J. F., Anderson, R. E., Tatham, R. L. & Black, W. C. (1998). *Multivariate Data Analysis*. Upper Saddle River, N. J.: Prentice Hall.

Hamzaoui-Essoussi, L. (2010). Technological Complexity and Country-of-Origin Effects on Binational Product Evaluation: Investigation in an Emerging Market. *Journal of Global Marketing*, 23(4), pp.306-320.

Han, C. M. (1989). Country Image: Halo or Summary Construct. *Journal of Marketing Research*, 26 (2), pp.222-229.

Han, C. M. & Terpstra, V. (1988). Country-of-Origin Effects for Uni-National and Bi-National Products. *Journal of International Business Studies*, 19(2), pp.235-255.

Hatch, M. J. & Schultz, M. (2001). Are the Strategic Stars Aligned for Your Corporate Brand?. *Harvard Business Review*, 79(2), pp.128-134.

Hatch, M. J. & Schultz, M. (2009). Scaling the Tower of Babel: Relational Differences between Identity, Image, and Culture in Organizations. In Schultz, M., Hatch, M. J. & Larsen, M. H., *The Ex-

pressive Organization: Linking Identity, Reputation, and the Corporate Brand, New York: Oxford University Press, pp.11-35.

Haubl, G. & Elrod, T. (1999). The Impact of Congruity between Brand Name and Country of Production on Consumers' Product Quality Judgments. *International Journal of Research in Marketing*, 16, pp.199-215.

Hennedy, S. H. (1977). Nurturing Corporate Images: Total Communications or Ego Trip?. *European Journal of Marketing*, 11(3), pp.120-164.

Ho, D. Y. F. (1976). On the Concept of Face. *American Journal of Sociology*, 81(4), pp.867-884.

Ho, D. Y. F. (1994). Face Dynamics: From Conceptualization to Measurement. In Ting-Toomey, S. (ed) *The Challenge of Facework*, New York: SUNY Press, pp.269-286.

Holcombe, C. (1895). *The Real Chinaman*. New York: Dodd, Mead.

Holt, D., Quelch, J. & Taylor, E. (2004). How Global Brands Compete. *Harvard Business Review*, 82 (9), pp.68-75.

Hong, S-T. & Wyer, R. S. (1989). Effects of Country-of-Origin and Product-Attribute Information on Product Evaluation: An Information Processing Perspective. *Journal of Consumer Research*, 16(2), pp.175-187.

Howard, J. A. & Sheth, J. N. (1969). The Theory of Buyer Behavior. New York: Wiley.

Hsieh, M. H. (2002). Identifying Brand Image Dimensionality and Measuring the Degree of Brand Globalization: A Cross-National Study. *Journal of International Marketing*, 10(2), pp.46-67.

Hu, H. C. (1944). The Chinese Concepts of "Face". *American Anthropologist*, 46, pp.45-64.

Huber, J. & McCann, J. (1982). The Impact of Internatial Beliefs on Product Evaluations. *Journal of Marketing Research*, 19(3), pp.324-333.

Hui, M. & Zhou, L. (2002). Linking Product Evaluations and Purchase Intention for Country-of-Origin Effects. *Journal of Global Marketing*, 15(3/4), pp.95-101.

Iyer, G. R. & Kalita, J. K. (1997). The Impact of Country-of-Origin and Country-of-Manufacture Cues on Consumer Perceptions of Quality and Value. *Journal of Global Marketing*, 11(1), pp.7-28.

Jacoby, J. & Chestnut, R. V. (1978). Brand Loyalty: Measurement and Management. New York: J. Wikey.

Jeff Wang& Melanie, W. (2006). Materialism, Status Signaling and Product Satisfaction. *Journal of the Academy of Marketing Science*, 34(4), pp.494-505.

Jo, M-S. (2005). Why Country of Origin Effects Vary in Consumers' Quality Evaluation. *Journal of Global Marketing*, 19(1), pp.5-25.

Johansson, J. K. (1989). Determinants and Effects of the Use of 'Made in' Labels. *International Marketing Review*, 6(1), pp.47-58.

Johansson, J. K., Douglas, S. P. & Nonaka, I. (1985). Assessing the Impact of Country of Origin on Product Evaluations : A New Methodological Perspective. *Journal of Marketing Research*, 22 (November), pp.388-396.

Johansson, J. K. & Nebenzahl, I. D. (1986). Multinational Production: Effect on Brand Value. *Journal of International Business Studies*, 17(3), pp.101-126.

Johansson, J. & Ronkainen, I. (2004). The Brand Challenge. *Marketing Management*, 13(2), pp.54-55.

Kapferer, J. N. (1997). S*trategic Brand Management: Creating and Sustaining Brand Equity Long Term*. London: Kogan Page.

Kapferer, J-N. (2005). The Post-Global Brand. *Journal of Brand Management*, 12(5), pp.319-324.

Kaynak, E. & Kara, A. (2002). Consumer Perceptions of Foreign Products. *European Journal of Mar-*

150 参考文献

keting, 36(7/8), pp.928-949.

Keller, K. L. (1993). Conceptualizing, Mearsuing, and Managing Customer-Based Brand Equity. *The Journal of Marketing*, 57(1), pp.1-22.

Keller, K. L. (1998). *Strategic Brand Management: Building, Measuring and Managing Brand Equity.* Upper Saddle River, N. J.: Prentice Hall.

Keller, K. L. (2008). *Strategic Brand Management: Building, Measuring and Managing Brand Equity.* Upper Saddle River, N. J.: Prentice Hall. (恩蔵直人訳『戦略的ブランド・マネジメント第3版』東急エージェンシー, 2010).

Kim, C. K. & Chung, J. Y. (1997). Brand Popularity, Country Image and Market Share: An Empirical Study. *Journal of International Business Studies*, 28(2), pp.361-387.

King, S. (1991). Brand Building in the 1990s. *Journal of Marketing Management*, 7(1), pp.3-13.

Kirmani, A. & Zeithaml, V. (1993). Advertising, Perceives Quality, and Brand Image. In Aaker, D. A. & Biel, A. L., *Brand Equity & Advertising*. Hillsdale, N. J.: Lawrence Erlbaum Associates, pp.143-161.

Klein, J. G, Ettenson, R. E. & Morris, M. D. (1998). The Animosity Model of Foreign Product Purchase. *Journal of Marketing*, 62(1), pp.89-100.

Klein, J. G. (2002). Us versus Them, or Us versus Everyone? Delineating Consumer Aversion to Foreign Goods. *Journal of International Business Studies*, 33(2), pp.345-363.

Kotabe, M. & Helsen, K. (2011). *Global Marketing Management*. Hoboken, N. J.: Wiley.

Kotler, P., Fahey, L. & Jatusripitak, S. (1985). *The New Competition*. Prentice-Hall. (増岡信男訳『ニューコンペティション：日米マーケティング戦略比較』東急エージェンシー, 1991).

Kotler, P. (1986). Global Standardization: Courting Danger. *Journal of Consumer Marketing*, 3(2), pp.13-15.

Lavidge, R. L. & Steiner, G. A. (1961). A Model for Predictive Measurements of Advertising Effectiveness. *Journal of Marketing*, 25 (October), pp.59-62.

Lenormand, J. A. M. (1964). Is Europe Ripe for the Integration of Advertising?. *The International Advertiser*, 5, p.14.

Levitt, T. (1983). The Globalization of Markets. *Harvard Business Review*, 61 (May-June), pp.92-102.

Li, Julie Juan & Su, Chenting (2007). How Face Influences Consumption. *International Journal of Market Research*, 49(2), pp.237-256.

Li, Y., Wang, X. & Yang, Z. (2011). The Effects of Corporate-brand Credibility, Perceived Corporate-Brand Origin, and Self-image Congruence on Purchase Intention: Evidence from China's Auto Industry. *Journal of Global Marketing*, 24(1), pp.58-68.

Li, Z. G. & Dant, R. P. (1997). Dimensions of Product Quality and Country-of-Origin Effects Research. *Journal of International Consumer Marketing*, 10(1/2), pp.93-114.

Lillis, C. M. & Narayana, C. L. (1974). Analysis of "Made in" Product Images: An Exploratory Study. *Journal of International Business Studies*, 5(1), pp.119-127.

Lim, J. S., & Darley, W. K. (1997). An Assessment of Demand Artifacts in Country-of-Origin Studies Using Three Alternative Methodologies. *International Marketing Review*, 14(4), pp.201-217.

Lin, L.-W. & Sternquist (1994). Taiwanese Consumers' Perceptions of Product Information Cues: Country of Origin and Store Prestige. *European Journal of Marketing*, 28(1), pp.5-18.

Lin, Yu-tang (1935). *My Country and My People*. New York: Reynal& Hitchcock.

Maheswaran, D. (1994). Country of Origin as a Stereotype: Effects of Consumer Expertise and Attribute Strength on Product Evaluations. *Journal of Consumer Research*, 21 (Sep), pp.355-365.

Mao, L. R. (1994). Beyond Politeness Theoty: 'Face' Revisited and Renewed. *Journal of Pragmatics*, 21(5), pp.451-486.

Margulies, W. (1977), Make the Most of Your Corporate Identity, *Harvard Business Review*, Jul-Aug, pp.66-77.

Marshall, A. (1919). *Principles of Economics*. (永沢越郎訳『経済学原理：序説』岩波ブックサービスセンター, 1997).

Martineau, P. (1958a). The Personality of the Retail Store, *Harvard Business Review*, Jan-Feb, pp.47-55.

Martineau, P. (1958b). Sharper Focus for the Corporate Image, *Harvard Business Review*, Nov-Dec, pp.49-58.

Martin, I. M. & Eroglu, S. (1993). Measuring a Multi-dimensional Construct: Country Image. *Journal of Business Research*, 28(3), pp.191-210.

Maxwell, S. (2001). An Expanded Price/Brand Effect Model: A Demonstration of Heterogeneity in Global Consumption. *International Marketing Review*, 18(3), pp.325-343.

McHugh, P. (1968). *Defining the Situation*. N.Y.: Bobbs-Merill.

Medhurst, W. H. (1872). *The Foreigner in Far Cathay*. London: E. Stanford.

Nagashima, A. (1970). A Comparison of Japanese and U. S. Attitudes toward Foreign Products. *Journal of marketing*, 34 (January), pp.68-74.

Nagashima, A. (1977). A Comparative "Made in" Product Image Survey among Japanese Businessmen. *Journal of Marketing*, 41(2), pp.95-100.

Nakata, C. & Huang, Y. (2005). Progress and Promise: The Last Decade of International Marketing Research. *Journal of Business Research*, 58(5), pp.611-618.

Nes, E. & Bilkey, W. (1993). A Multi-cue Test of Country-of-Origin Theory. In Papadopoulos, N. & Heslop. L. A., *Products-Country Images: Impact and Role in International Marketing*, New York: International Business Press, pp.179-196.

Okechuku, c. (1994). The Importance of Product Country of Origin: A Conjoint Analysis of the United Stated, Canada, Germany and The Netherlands. *European Journal of Mmarketing*, 28(4), pp.5-19.

Olins, W. (1978). Corporate Identity: The Myth and the Reality, *Journal of the Royal Society of Arts*, 127, pp.209-218.

Papadopoulos, N. (1993). What Product and Country Images Are and Are Not. In Papadopoulos, N. & Heslop. L. A., *Products-Country Images: Impact and Role in International Marketing*, New York: International Business Press, pp.3-38.

Pappu, R., Quester, P. G. & Cooksey, R. W. (2007). Country Image and Consumer-based Brand Equity: Relationships and Implications for International Marketing. *Journal of International Business Studies*, 38, pp.726-745.

Parker, R. S., Haytko, D. L. & Hermans, C. M. (2011). Ethnocentrism and Its Effect on the Chinese Consumer: A Threat to Foreign Goods?. *Journal of Global Marketing*, 24, pp.4-17.

Pecotich, A. & Ward, S. (2007). Global Branding, Country of Origin and Expertise. *International Marketing Review*, 24(3), pp.271-296.

Peterson, R. A. & Jolibert, A. P. (1995). A Meta-Analysis of Country-of-Origin Effects. *Journal of International Business Studies*, 26(4), pp.883-899.

Quelch, J. (1999). Global Brands: Taking Stock. *Business Strategy Review*, 10(1), pp.1-14.

Reierson, C. C. (1966). Are Foreign Products Seen as National Stereotypes?. *Journal of Retailing*, 42

(Fall), pp.33-40.

Reierson, C. C. (1967). Attitude Changes toward Foreign Products. *Journal of Marketing Research*, 4 (4), pp.385-387.

Reynolds, T. J. & Gutman, J. (1984). Advertising is Image Management. *Journal of Advertising Research*, 24(1), pp.27-37.

Richins, M. L. (1994). Valuing Things: The Public and Private Meanings of Possessions. *Journal of Consumer Research*, 21 (December), pp.504-521.

Riesenbeck, H. & Freeling, A. (1991). How Global are Global Brand?. *The McKinsey Quarterly*, 4, pp.3-18.

Riesman, D. (1950). *The Lonely Crowd*. New Haven, CT: Yale University Press.

Rosenbloom, A. & Haefner, J. E. (2009). Country-of-Origin Effects and Global Brand Trust: A First Look. *Journal of Global Marketing*, 22(4), pp.267-278.

Roth, M. S. & Romeo, J. B. (1992). Matching Product Category and Country Image Perceptions: A Framework for Managing Country-of-Origin Effects. *Journal of International Business Studies*, 23 (3), pp.477-497.

Russell, B. (1922). *The Problem of China*. London: Allen & Unwin. (牧野力訳『中国の問題』理想社, 1971).

Ryans, J. K. Jr. (1969). Is It Too Soon to Put a Tiger in Every Tank?. *Columbia Journal of World Business*, 4(2), pp.69-75.

Samiee, S. (1994). Customer Evaluation of Products in a Global Market. *Journal of International Business Studies*, 25(3), pp.579-604.

Schooler, R. D. (1965). Product Bias in Central American Product Market. *Journal of marketing Research*, 2 (November), pp.394-397.

Schooler, R. D. (1971). Bias Phenomena Attendant to the Marketing of Foreign Goods in the U.S.. *Journal of International Business Studies*, 2 (1, Spring), pp.71-80.

Schooler, R. D. & Wildt, A. R. (1968). Elasticity of Product Bias. *Journal of Marketing Research*, 5 (February), pp.78-81.

Shankarmahesh, M. N. (2006). Consumer Ethnocentrism: An Integrative Review of Its Antecedents and Consequences. *International Marketing Review*, 23(2), pp.146-172.

Sharma, S., Shimp, T. & Shin, J. (1995). *Consumer Ethnocentrism: A Test of Antecedents and Moderators. Journal of the Academy of Marketing Science*, 23(1), pp.26-37.

Shaw, A. W. (1915). *Some Problem in Market Distribution*. Harvard University Press. (丹下博文訳『市場流通に関する諸問題 増補改訂版——基本的な企業経営原理の応用について』白桃書房, 2001).

Shimp, T. A. & Sharma, S. (1987). Consumer Ethnocentrism: Construction and Validation of the CETSCALE. *Journal of Marketing Research*, 24 (August), pp.280-289.

Smith, A. H. (1894). *Chinese Characteristics*. New York: Flming H. Revell.

Solomon, M. R. (2013). *Consumer Behavior, 10th Edition*. Boston, Pearson Education. (松井剛監訳『ソロモン 消費者行動論』丸善出版, 2015).

Speece, M. & Nguyen, D. (2005). Countering Negative Country-of-Origin with Low Prices: A Conjoint Study in Vietnam. *Journal of Product& Brand Management*, 14(1), pp.39-48.

Steenkamp, J-B. EM., Batra, R. & Alden, D. L. (2003). How Perceived Brand Globalness Creates Brand Value. *Journal of International Business Studies*, 34, pp.53-65.

Strizhakova, Y., Coulter, R. A. & Price, L. L. (2008). The Meanings of Branded Products: A Cross-national Scale Development and Meaning Assessment. *International Journal of Research in Market-*

ing, 25, pp.82-93.

Strizhakova, Y., Coulter, R. A. & Price, L. L. (2011). Branding in a Global Marketplace: The Mediating Effects of Quality and Self-identity Brand Signals. *International Journal of Research in Marketing*, 28, pp.342-351.

Suh, T. & Kwon, I-W. G. (2002). Globalization and Reluctant Buyers. *International Marketing Review*, 19(6), pp.663-680.

Suh, T. & Smith, K. (2008). Attitude Toward Globalization and Country-of-Origin Evaluations: Toward a Dynamic Theory. *Journal of Global Marketing*, 21(2), pp.127-139.

Thakor, M. V. & Katsanis, L. P. (1997). A model of Brand and Country Effects on Quality Dimensions: Issues and Implications. *Journal of International Consumer Marketing*, 9(3), pp.79-100.

Thorelli, H. B., Lim, J. S. & Ye, J. (1989). Relative Importance of Country of Origin, Warranty and Retail Store Image on Product Evaluations. *International Marketing Review*, 6(1), pp.35-46.

Ting-Toomey, s. (1988). Intercultural Conflict Styles: A Face-negotiation Theory. In Gudykunst, W. B., Stewart, L. P.& Ting-Toomey, S. (eds). *Communication, Culture, and Organizational Processes*. Newburk park, CA: Sage.

Ting-Toomey, S., Gao, G., Trubisky, P., Yang, Z., Kim, H. S., Lin, S. & Nishida, T. (1991). Culture, Face Maintenance, and Styles of Handling Interpersonal Conflict: a Study in Five Cultures. *The International Journal of Conflict Management*, 2, pp.275-296.

Townsend, J. D., Yeniyurt, S. & Talay, M. B. (2009). Getting to Global: An Evolutionary Perspective of Brand Expansion in International Markets. *Journal of International Studies*, 40, pp.539-558.

Tse, D. K. & Gorn, G. J. (1993). An Experiment on the Salience of Country-of-Origin in the Era of Global Brands. *Journal of International Marketing*, 1(1), pp.57-76.

Van Gelder, S. (2003). *Global Brand Strategy: Unlocking Brand Potential across Countries, Cultures & Markets*. London: Kogan Page.

Van Maanen, J. (1992). Displacing Disney: Some Notes on the Flow of Culture. *Qualitative Sociology*, 15(1), pp.5-35.

Veblen, T. (1899). *The Theory of Leisure Class*. (小原敬士訳『有閑階級の理論』岩波書店, 1961).

Verlegh, P.W. & Steenkamp, J-B. E. M. (1999). A Review and Meta-analysis of Country-of-Origin Research. *Journal of Economic Psychology*, 20, pp.521-546.

Wang, C. L. & Chen, Z. X. (2004). Consumer Ethnocentrism and Willingness to Buy Domestic Products in a Developing Country Setting: Testing Moderating Effects. *Journal of Consumer Marketing*, 21(6), pp.391-400.

Wang, C-K. & Lamb, C. W. (1983). The Impact of Selected Environmental Forces upon Consumers' Willingness to Buy Foreign Products. *Journal of the Academy of Marketing Science*, 11(2), pp.71-84.

Watson, J. J. & Wright, K. (2000). Consumer Ethnocentrism and Attitude Toward Domestic and Foreign Products. *European Journal of Marketing*, 34(9/10), pp.1149-1166.

Whitelock, J. & Fastoso, F. (2007). Understanding International Branding: Defining the Domain and Reviewing the Literature. *International Marketing Review*, 24(3), pp.252-270.

White, P.& Cundiff, E. D. (1978). Assessing the Quality of Industrial Products. *Journal of Marketing*, 42 (January), pp.80-86.

Wiebe, G. D. (1963). The Social Dynamics of Corporation-public Relationaships. In Riley, J. W., *The Corporation and Its Publics: Essays on the Corporate Image*, New York, Wiley, pp.12-23.

Wind, Y. (1986). The Myth of Globalization. *Journal of Consumer Marketing*, 3(2), pp.23-26.

154　参考文献

Wong, N. Y. & Ahuvia, A. C. (1998). Personal Taste and Family Face: Luxury Consumption in Confucian and Western Societies. *Psychology and Marketing*, 15, pp.423-441.

Zhang, Y. (1997). Country-of-Origin Effect the Moderating Function of Individual Difference in Information Processing. *International Marketing Review*, 14(4), pp.266-287.

青木幸弘(1997).「ブランド階層とブランド体系」青木幸弘・小川孔輔・亀井昭宏・田中洋『最新ブランド・マネジメント体系：理論から広告戦略まで』日本経済新聞社, 第11章, pp.149-173.

青木幸弘(1999).「ブランド戦略の論理と枠組み」青木幸弘・電通ブランドプロジェクトチーム『ブランド・ビルディングの時代——事例に学ぶブランド構築の知恵——』株式会社電通, 第1部, pp.14-45.

青木幸弘(1996).「ブランド・エクイティ研究の現状と課題」青木幸弘・陶山計介・中田善啓編著『戦略的ブランド管理の展開』中央経済社, 序章, pp.1-33.

青木幸弘(2000).「ブランド研究の系譜：その過去, 現在, 未来」青木幸弘・岸志津江・田中洋『ブランド構築と広告戦略』日経広告研究所, 第1章, pp.19-52.

青木幸弘(2004).「企業成長と価値創造」青木幸弘・恩蔵直人編著『製品・ブランド戦略』有斐閣, 第1章, pp.1-33.

青木幸弘(2010).「消費者行動分析の歴史」池尾恭一・青木幸弘・南知恵子・井上哲浩『マーケティング』有斐閣, 第4章, pp.71-106.

青木幸弘(2011a).「ブランド研究における近年の展開：価値と関係性の問題を中心に」『関西学院商学論究』58(4), pp.43-68.

青木幸弘(2011b).「顧客価値のデザインとブランド構築——脱コモディティ化のための戦略構図——」青木幸弘編著『価値共創時代のブランド戦略——脱コモディティ化への挑戦——』ミネルヴァ書房, 第1章, pp.17-51.

有吉秀樹(2008).『コーポレート・ブランド価値計測モデルの提唱』白桃書房.

伊藤邦雄・日本経済新聞社広告局(2002).『企業事例に学ぶ実践コーポレート・ブランド経営』日本経済新聞社.

李炅泰(2012).「エスノセントリズムとマテリアリズムが製品判断と購買意向に与える影響」『流通研究』日本商業学会, 14(1), pp.35-51.

内山完造(1979).『中国人の生活風景』東方書店.

梅松林・寺村英雄(2008).「和諧社会時代の中国戦略　新たな段階に向かう中国自動車産業の課題」『知的資産創造』7月号.

大石芳裕(1990).「第4次M&Aブームの特徴」『佐賀大学経済論集』23(4), pp.1-38.

大石芳裕(2004).「国際マーケティング研究におけるブランドの位置づけ」大石芳裕編著『グローバル・ブランド管理』白桃書房, 第1章, pp.19-45.

小川孔輔(1997).「なぜ, いま『ブランド』なのか？」青木幸弘・小川孔輔・亀井昭宏・田中洋『最新ブランド・マネジメント体系：理論から広告戦略まで』日本経済新聞社, 第1章, pp.3-11.

小木裕文(2001).「僑郷としての福清社会とそのネットワークに関する一考察」『立命館国際研究』14(1), pp.79-89.

恩蔵直人(2007).『コモディティ化市場のマーケティング論理』有斐閣.

川端基夫(2009).『アジア市場のコンテキスト【東アジア編】——受容のしくみと地域暗黙知——』新評論.

楠木建(2006).「次元の見えない差別化：脱コモディティ化の戦略を考える」『一橋ビジネスレビュー』53(4), pp.6-24.

孔健(1988).『中国人とつきあう法』学生社.

近藤文男(1988).『成立期マーケティングの研究』中央経済社.

蔡林海（2006）．『巨大市場と民族主義——中国中産階層のマーケティング戦略——』日本経済評論社．

山東茂一郎（1969）．『有標品と販売政策』殖産堂．

嶋正（2000）．「グローバル・マーケティングの進化」高井眞編著『グローバル・マーケティングへの進化と課題』同文舘出版，第1章，pp.13-31．

江河海（2004）．『こんなに違い 中国人の面子 不思議な国がよくわかる25人の証言』祥伝社。

徐誠敏（2010）．『企業ブランド・マネジメント戦略——CEO・企業・製品間のブランド価値創造のリンケージ——』創成社．

杉本徹雄（1993）．「ブランド志向の態度構造分析」『広告科学』27，pp.101-105．

杉本徹雄（2012）．「消費者の意思決定過程」杉本徹雄編著『新・消費者理解のための心理学』福村出版株式会社，第3章，pp.39-55．

陶山計介（1996）．「ブランド・エクイティの構築と広告戦略」青木幸弘・陶山計介・中田善啓編著『戦略的ブランド管理の展開』中央経済社，第5章，pp.113-131．

陶山計介（2000）．「マルチ・ブランド戦略とチャネル」陶山計介・梅本春夫『日本型ブランド優位戦略』ダイヤモンド社，第6章，pp.153-179．

副田義也（1993）．『日本文化試論——ベネディクト『菊と刀』を読む——』新曜社．

竹田志郎（1996）．「国際マーケティングの特性」角松正雄教授古稀記念論集編集委員会編著『国際マーケティング体系』ミネルヴァ書房，第3章，pp.62-84．

丁秀山（1983）．『中国人の生活哲学』東方書店．

電通総研（2013）．「中国至上のマーケティングは"日本式品質主義"から"中国式定評ブランディング"へ」『Global Insight Report』3，Dentsu Innovation Institute，Global Insight Lab．

鳥居直隆（1996）．『ブランド・マーケティング——価値競争時代のNo.1戦略——』ダイヤモンド社．

豊田秀樹（2007）．『共分散構造分析［AMOS編］——構造方程式モデリング——』東京図書．

延岡健太郎（2006）．『MOT"技術経営"入門』日本経済新聞社．

野村総合研究所＆サーチナ総合研究所（2007）．『中国市場での企業ブランド戦略2007』株式会社サーチナ．

原田将（2010）．『ブランド管理論』白桃書房．

林廣茂（2008）．A Comparative Study: The Transfer to China of Brands Made in Japan, Korea, America and Europe. 多国籍企業学会西部部会2008年4月例会配布資料．

堀内圭子（2000）．「消費行動の文化的意味」竹村和久編著『消費行動の社会心理学』北大路書房，第13章，pp.164-175．

古川一郎（2006）．「中国の消費市場——ブランドの観点から見た巨大市場——」山下裕子・一橋大学BICプロジェクトチーム編著『ブランディング・イン・チャイナ』東洋経済新報社，第1章，pp.51-73．

堀出一郎（2003）．「グローバリゼーションとマーケティング」堀出一郎・山田晃久編著『グローバルマーケティング戦略』中央経済社，第1章，pp.1 16．

三浦俊彦（2008）．「ブランド戦略——ブランド・アイデンティティを創り，伝える——」原田保・三浦俊彦編著『マーケティング戦略論：レビュー・体系・ケース』芙蓉書房出版，第5章，pp.121-146．

三浦俊彦（2009）．「中国消費者の規範意識と購買行動——日中消費者行動調査の結果を踏まえて——」丹沢安治編著『中国における企業と市場のダイナミクス』中央大学出版部，第8章，pp.155-177．

森三樹三郎（1988）．『中国文化と日本文化』人文書院．

諸上茂登（2007）．「グローバル・ビジネス戦略の革新」諸上茂登・藤澤武史・嶋正編著『グローバル・ビジネス戦略の革新』同文館，第1章，pp.3-22．

山本嘉一郎（1999）．「共分散構造分析とその適用」山本嘉一郎・小野寺孝義編著『AMOSによる共分散構造分析と解析事例』ナカニシヤ，第1章，pp.1-22．

山本真（2014）．「20世紀前半，福建省福州，興化地区から東南アジアへの移民とその社会的背景」『21世

紀東アジア社会学』6, pp.31-47.

遊川和郎(2007).『中国を知る』日本経済新聞社.

四元正弘(2011).「コンタクト・ポイントの特性とその戦略」青木幸弘編著『価値共創時代のブランド戦略――脱コモディティ化への挑戦――』ミネルヴァ書房, 第6章, pp.147-171.

李明伍(1998).「中国社会における顔の位相―― 面子と辱の文化試論――」『日中社会学研究』6, pp.97-119.

李明伍(2005).「中国社会の二重構造と「顔」論的アプローチ」『和洋女子大学紀要』51, pp.143-162.

李明伍(2010).「中国社会論における「本土化研究」の現状と可能性――「本土化概念」によるアプローチを手掛かりとして――」『立教大学 文学部紀要』24(1), pp.119-154.

李玲(2013).「中国沿岸部の消費市場におけるグローバル・ブランドと原産国イメージの関係」関西学院大学審査博士学位論文.

和田充夫(1984).『ブランド・ロイヤルティ・マネジメント』同文舘.

和田充夫(1997).「顧客インターフェイスとしてのブランド」青木幸弘・小川孔輔・亀井昭宏・田中洋『最新ブランド・マネジメント体系：理論から広告戦略まで』日本経済新聞社, 第5章, pp.58-72.

王瑾(2011).(松浦良高訳)『現代中国の消費文化――ブランディング・広告・メディア――』岩波書店.

陳之昭(1988＝2012).「面子心理的理論分析与実際研究」楊国枢編著『中国人的心理』中国人民大学出版社, pp.121-188.

費孝通(1947＝2004).『郷土中国』北京出版社.

黄光国(1988＝2010).「人情と面子：中国人の権力遊戯」黄光国編著『人情と面子――中国人の権力遊戯』中国人民大学出版社, pp.1-44.

姜彩芬(2009).『面子与消費』社会科学文献出版社.

金耀基(1988＝2012).「人際関係中人情之分析」楊国枢編著『中国人的心理』中国人民大学出版社, pp.60-81.

魯迅(1923＝2006).「"面子"和"門銭"」,『魯迅全集補遺』天津人民出版社.

魯迅(1934＝1991).「説"面子"」,『魯迅全集』第6巻, 人民文学出版社.

喬健(1988＝2012).「関係芻議」楊国枢編著『中国人的心理』中国人民大学出版社, pp.82-95.

宋暁兵(2012).『消費者感知面子的形成機理及其対購買意向的影響研究』知識産権出版.

楊国枢(1997).「心理学研究的本土契合性及其相関問題」『本土心理学研究』第8期, pp.75-120.

楊国枢(2008).「本土化心理学的意義与発展」楊国枢・黄光国・楊中芳編著『華人本土心理学(上)』重慶大学出版社, pp.3-53.

楊中芳・彭泗清(2008).「人際交往中的人情与関係：概念化与研究方向」楊国枢・黄光国・楊中芳編著『華人本土心理学(下)』重慶大学出版社, pp.469-504.

翟学偉(2011).『中国人的脸面観――形式主義的心理動因与社会表徴』北京大学出版社.

翟学偉(2013).『人情, 面子与権力的再生産 第二版』北京大学出版社.

朱岑楼(2012).「従社会個人与文化関係論中国人性格的恥感取向」李亦園・楊国枢編著『中国人的性格』中国人民大学出版社, pp.65-126.

Interbrand社HP.(http://interbrand.com/best-brands/best-global-brands/2016/ranking/, 2016年12月26日閲覧).

国土交通省観光庁(2016年1月19日). プレスリリース. (http://www.mlit.go.jp/common/001084355.pdf, 2016年12月10日閲覧).

人民網日本語版(2015年2月3日付).「中国人は世界の贅沢品の約半分を購入 14年」.(http://j.people.com.cn/n/2015/0203/c94476-8845172.html, 2016年12月12日閲覧).

人民網(2014年4月9日付).「小米スマホ大躍進, 世界スマホ販売トップ10にランクイン」.(http://j.

people.com.cn/94476/8592309.html, 2016 年 12 月 12 日閲覧).

人民網日本語版(2016 年 5 月 17 日付).「習近平総書記「中間所得層を拡大し続けよう」」.(http://j. people.com.cn/n3/2016/0517/c94474-9058925.html, 2017 年 1 月 8 日閲覧).

人民網日本語版(2016 年 5 月 18 日付).「クレディスイス資産報告　中産階級は中国が最多」.(http://j. people.com.cn/n3/2016/0518/c94476-9059215.html, 2017 年 1 月 8 日閲覧).

人民網日本語版(2016 年 11 月 16 日付 a).「中国，中産階級はわずか 18%「中産階級」の定義とは？」. (http://j.people.com.cn/n3/2016/1116/c94476-9142157.html, 2017 年 1 月 8 日閲覧).

人民網日本語版(2016 年 11 月 16 日付 b).「中国，2020 年までに中産階級が 4 億人に」.(http://j.people. com.cn/n3/2016/1116/c94476-9142209.html, 2017 年 1 月 8 日閲覧).

国際通貨基金「世界経済見通し(WEO) 2016 年 4 月：総括と要旨」.(http://www.imf.org/external/ japanese/, 2017 年 1 月 9 日閲覧).

新華網(2003 年 9 月 12 日付).「公車，部隊車私用接送孩子，海口交警没法管？」(http://hq.xinhuanet. com/news/2003-09/12/content_936739.htm, 2016 年 12 月 10 日閲覧).

内閣府ホームページ.(http://www5.cao.go.jp/j-j/sekai_chouryuu/sh14-01/s1_14_0_2.html, 2017 年 1 月 9 日閲覧).

日本政府観光局(JNTO)(2016 年 1 月 19 日). PRESS RELEASE(報道発表資料).(http://www.jnto.go. jp/jpn/statistics/data_info_listing/pdf/160119_monthly.pdf, 2016 年 12 月 10 日閲覧).

事項索引

【アルファベット】

GB評価　125, 143
GLB評価　140, 144

【ア行】

愛国感情　143
意味ベースのブランド観　6
演劇性　77
大釜の飯　99
オーバーシュート　4
オープン化　3

【カ行】

階層性社会　74
外部のステークホルダー　24
拡張アイデンティティ　20
価値次元の可視性　3
関係　72
関心　91
感性的価値　5
企業アイデンティティ研究　23
企業イメージ研究　22
企業価値　29
企業の構成概念　27, 30
企業ブランディング　101
企業ブランド　29, 30
企業レピュテーション研究　26
機能的価値　5
組立国　62
グローバル性　37
グローバル性知覚　66, 132
グローバル・ブランドの定義　37
グローバル・マーケティング　34
計画経済　95
経済発展水準　106

携帯電話　114
原産国イメージ　58, 143
　　——の効果　124
現地適合化　40
権力の再生産　73, 76
コア・アイデンティティ　20
項羽　76
高関与　115
　　——型製品　113
高級ブランド志向　49
広告の標準化　40
公的なイメージ　83
顧客ベース・ブランド・エクイティ　19, 65
国際的消費者　43
国際ブランディング　40
　　——研究　44
個人関係ネットワーク　72
個人主義　82, 85
国家の経済発展水準　68
コモディティ化　3, 6, 47
コラボレーション　43

【サ行】

差別化　4, 5, 13, 28
産業発展の特徴　95
三種の神器　96
自我主義　72
自己期待　87
自己の面子　82
市場成果　17
自動車ブーム　99
社会関係ネットワーク　72, 73
集団主義　82, 85
儒家思想　74
需要創造　13
消極的な面子　82

索　引　159

焦点的注意　91
商人的生産者　13
消費財の消費動向　96
消費者エスノセントリズム　60
情報処理プロセス　91
仁　74
親近感　59
ステークホルダー　27
生産品配分　95
製造国　62
　　──イメージ　64
製品開発　4
製品価値の構造　44
製品属性　21, 28
製品の本質的機能　44, 45, 47
製品ブランディング　101
世界標準化　40
積極的な面子　83
設計国　62
先進国の原産国イメージ　126
先進国のブランド　7, 107, 112, 142
組織アイデンティティ研究　25
尊厳　75

【タ行】

体験知　105
他者志向性　81
他者の評価　87
他者の面子　82, 85
多属性態度モデル　59
チャネル選択　65
中間商人　13
中国人消費者　51, 52, 104, 105, 112, 131, 141
中国の原産国イメージ　141
中国の面子　75
中産階層　2
　　──形成　97
　　──の定義　98
デジタル化　3

【ナ行】

ナイキ　131
内部関係者　23
内部のステークホルダー　25

日本人消費者　50, 52, 57
日本の面子　75
人情　70
人情交換　71, 73
人情法則　71
認知的ブランド・ロイヤルティ　17

【ハ行】

ハウス・オブ・ブランズ　100
発展途上国の原産国イメージ　126
発展途上国の消費者　50, 112
パブリックな意味　51
ハワード=シェスモデル　88
品質知覚　14
不分説　79
プライベートな意味づけ　6
ブランディング戦略　143
ブランディング発展プロセス　101
ブランド　11, 21, 64
ブランド開発　4
ブランド研究　42
ブランド固執　16
ブランド消費　108
ブランド選択　128
　　──行動　102
ブランド知識　15, 68, 106
　　──の差異　59
ブランド・ナショナリズム　144
ブランド認識　40
ブランド・ネーム　44
ブランドの意味づけ　6, 47
ブランドのグローバル性　116
ブランドの信頼性　64
ブランドの選好性　102
ブランドの身分表示力　125, 126, 140, 142, 143
ブランドの面子知覚　140, 142
ブランドの役割　11, 17, 48
ブランドハウス　100
ブランド・ポートフォリオ　29, 37
プレステージ感　65, 85
分離説　78
米国人消費者　50, 52, 56, 57, 60
米国の原産国イメージ　142
本土化研究　70

160 索引

本土適合性　70

【マ行】

マクロ原産国イメージ　55
ミクロ原産国イメージ　55
身分表示力の強いブランド　51
名誉　75, 76
メディア露出　103
面　78, 80
面子意識　85, 88, 91, 139
面子工夫　79
面子事情　92
　　──の量の計算　92
面子消費　82, 86
面子心理　109
面子知覚　86, 88
面子とブランド消費　103
面子の意味合い　77
「面子」の貸し借り　73
面子の基本体系　89

面子の質　92
　　──の評価　92
面子の社会性　79
面子の消費態度　83
面子の情報処理システム　90
面子の道徳性　79
面子問題　109
モジュール化　3

【ヤ行】

有標品　12
欲求　12
ヨーロッパ人消費者　50

【ラ行】

礼　74
　　──儀　77
臉　78, 80
連続説　80

著者紹介

李　玲 (り　れい)

広島市立大学国際学部講師。
2008年　関西学院大学商学部卒。
2010年　関西学院大学大学院商学研究科で修士号 (国際ビジネス) を取得。
2013年　同大学院博士課程を修了し博士号 (商学) を取得。
専門　国際マーケティング, グローバル・ブランド研究。
著書　『新多国籍企業経営管理論』(共著) 文眞堂, 2015年。
　　　『〈際〉からの探究：つながりへの途』(共著) 文眞堂, 2017年。

中国人消費者の行動分析
——「面子」, 原産国イメージとグローバル・ブランド消費——

2017年3月31日　第1版第1刷発行	検印省略

著　者　李　　　　　　玲

発行者　前　野　　隆

発行所　㈱文　眞　堂
　　　　東京都新宿区早稲田鶴巻町533
　　　　電　話　03 (3202) 8480
　　　　FAX　03 (3203) 2638
　　　　http://www.bunshin-do.co.jp/
　　　　〒162-0041 振替00120-2-96437

製作・モリモト印刷
© 2017
定価はカバー裏に表示してあります
ISBN978-4-8309-4948-7 C3034